高校思想政治教育与课程改革研究

周　全　杨现坤　陈　锐◎著

线装书局

图书在版编目（ＣＩＰ）数据

高校思想政治教育与课程改革研究 / 周全，杨现坤，
陈锐著. -- 北京：线装书局，2023.8
ISBN 978-7-5120-5571-1

Ⅰ．①高… Ⅱ．①周… ②杨… ③陈… Ⅲ．①高等学
校－思想政治教育－研究－中国 Ⅳ．①G641

中国国家版本馆CIP数据核字(2023)第140070号

高校思想政治教育与课程改革研究
GAOXIAO SIXIANG ZHENGZHI JIAOYU YU KECHENG GAIGE YANJIU

作　　者：	周　全　杨现坤　陈　锐	
责任编辑：	白　晨	
出版发行：	**线裝書局**	
	地　　址：北京市丰台区方庄日月天地大厦 B 座 17 层（100078）	
	电　　话：010-58077126（发行部）010-58076938（总编室）	
	网　　址：www.zgxzsj.com	
经　　销：	新华书店	
印　　制：	三河市腾飞印务有限公司	
开　　本：	787mm×1092mm　　　　　1/16	
印　　张：	11	
字　　数：	255 千字	
印　　次：	2024 年 7 月第 1 版第 1 次印刷	

线装书局官方微信

定　　价： 68.00 元

前　　言

　　思政教育是一项特殊育人活动，其中不仅承担了思政知识教学，也是推动学生全面成长的重要实践。作为高校大学生思想政治教育的主要渠道，思想政治教育对大学生人生观、世界观和价值观的形成起到了非常重要的影响。思想政治理论课程的改革与实践教学也日益受到高校高度重视，它是提高思想政治教学有效性的重要途径和手段，也是培养我国社会主义事业合格建设者的重要途径。但目前我国高校思想政治教育与教学实践的内容、模式、方法和手段都存在着一些亟待解决的问题。

　　新形势下高校思想政治教育改革的机遇与挑战并存，因此高校思政教育课程改革需紧跟时代发展步伐，借鉴优秀的经验，引入先进的思想政治教育模式，培育符合社会发展所需的高素质人才。当前地方高校思想政治教育专业课程建设存在与人才培养目标符合度不高、学科属性不明显、实践类课程支撑度不高等问题。因此要重视实践教学，积极探索实现思想政治教育课程实践教学有效性的策略，面对现实难题予以相应的解决策略以及探索创新路径。教师与高校要正确理解思想政治教育专业的内涵，坚持其马克思主义理论学科属性，贯彻人才产出导向教育理念是地方高校思想政治教育专业课程改革的关键。

　　本书在分析高校思想政治教学基本理论与现状的基础上，探究目前我国高校思想政治教育与课程改革的创新，分析其中存在的问题并探究相关解决策略，以期达到培养学生综合素质，促进学生全面发展的目的。为当前学生培养提供深度思考的空间，助于实现思政教育资源的最大整合目标。

目 录

第一章　高校思想政治教育概述

第一节　思想政治教育的概念与特征

思想政治教育是社会或社会群体用一定的思想观念、政治观点、道德规范，对其成员施加有目的、有计划、有组织的影响，使他们形成符合一定社会要求的思想品德的社会实践活动。

思想政治教育是中国精神文明建设的首要内容，也是解决社会矛盾和问题的主要途径之一。思想政治教育既十分重要，又相当难做，尤其是在市场经济的条件下，中国的思想政治工作存在着相对疲软的状况，很不适应现代社会的发展要求。造成思想政治工作不力的原因很多，但其中重要的一个原因是长期以来我们忽略了人格教育及培养。人格教育是思想政治教育的基础，没有这个基础，思想政治教育就犹如无根的浮萍，总是漂浮在人的思想表面而不能深入下去。

原因在于：第一，人格是人生价值观念形成的稳定的心理基础。人的价值观念必须统一和稳定，而这就需要一个人的心理过程及其人格形态是统一而稳定的，否则，分裂的人格只能产生分裂的观念。第二，人格是形成特定世界观和人生观的内在心理依据。世界观是对于世界的认识，正确的世界观虽然来自正确的理论指导和学习，但如果没有良性的人格形态作为内在心理依据，外在的观念灌输就很难起作用。第三，人格是形成特定道德素质的主要动力。人格具有品质化的特性，因此，人格一旦形成，人就具有了相应的内在质地，不同的质地会适应不同的道德倾向，良性的人格自然易于建立良性的道德素质。当然，人格的这些基础作用并不是绝对的，而往往是相对的，同时它还与人的价值观、世界观、人生观和道德意识相互影响和转化，既有统一性和稳定性，也有分化性和可变性，这些特性也决定了良性人格不易养成。总之，人格状态可以说就是细微的、隐性的和原始的思想道德状态，而思想道德则往往是发展了的、成型的、成熟的、显性的人格表现。

一、高校思想政治教育的概念

（一）高校

在本项研究中，如果没有特别的语境或说明，"高校"是指实施高等教育的普通学校，包括大学、专门学院和专科学校。从基本功能上说，高校都具有人才培养、科学研究、社会服务和文化传承创新四项基本功能。

（二）高校思想政治教育

高校思想政治教育是指高校依据社会发展对"高校人"的品德要求和社会期待，遵循"高校人"思想品德和行为习惯的形成发展规律而实施的具有主体间性的思想政治教育，因而可以说是具有整体性的"大思想政治教育"。

二、高校思想政治教育的特征

（一）思想具有社会性

大学生思想状态源于社会，社会上的一切重大情况、现象及其对青年的影响都会在大学生身上表现出来。

（二）认知具有能动性

大学生是最富有主观能动性和积极创造性活力的群体，他们对思想政治教育具有主动的选择意向，这正好体现了他们独具个性的自我认知状态。

（三）身心的可变性

大学生是一群从生理到心理正在趋向成熟的群体，特别是在心理上、思想上，可塑性更大。

（四）价值观的不稳定性

大学生对马列主义理论知识的进一步学习、独立思考能力的不断增强、对社会发展规律和人类美好理想的科学认识逐步加深促使他们的人生观、世界观逐步形成。值得注意的是，由于生活接触面和学习范围的扩大，家庭和学校的影响程度已趋于第二位，大学生更多地受到他人和社会的影响。但是，因为他们还缺乏足够的知识和社会阅历，还不能正确地运用辩证唯物主义和历史唯物主义的立场、观点和方法去认识和分析复杂的社会现象，并且，由于马列主义水平较低，缺乏识别、分析问题的能力，会受到各种错误思潮的影响。

（五）具有怀疑性、批判性

当代大学生富于开拓和创新精神，喜欢标新立异，往往不满足于书本上现成的结论，喜欢寻根问底，善于发表自己的见解。因此，对别人的意见和见解常常抱有怀疑和批判的态度。这体现了当代大学生崇尚真理、追求真理的精神。但是，由于他们还缺乏正反两方面的经验，对事物往往表现出轻易地肯定或否定，好走极端，容易犯片面性和绝对化的毛病。

（六）有矛盾性和曲折性

当代大学生一般是从学校来到学校，缺乏足够的社会生活经验，辨别真伪的能力较差。所以，他们对事物的认识往往忽左忽右。有时是正确的，有时是错误的；有时全面，有时片面；有时深刻，有时仅浮于表面。因此，当代大学生的认识活动往往具有矛盾发展、曲折前进的特点。大学生认识的全部过程，不是正确认识的简单积累的直线过程，而是充满着正确的认识和错误的认识、全面的认识和片面的认识、深刻的认识和表面的认识等曲折前进的过程。

第二节　思想政治教育理念

思想政治教育学是一门指导人们形成正确思想行为的科学，它以人的思想行为形成变化的规律，以及实施思想政治教育的规律作为自己的研究对象。其中人的思想、观点和立场的转变以及人生观、世界观的形成规律是研究重点。新世纪、新时期，中国的政治、经济、文化正发生着重大的转变，处于社会中的人的思想观念和生活方式也会随之产生巨大的变化。在这新形势下，高校思想政治教育要紧紧把握时代的特征，切实担负起为中国特色社会主义事业培养思想上、政治上、道德上合格的人才的重要职责。也正是基于这种形势，高校思想政治教育的传统理念也要面临同社会的需要相适应的新问题。如何建立与新时期社会相适应的高校思想政治教育新理念，是国家和所有高等院校思想政治教育者们深刻探讨研究的问题。

理念是经过长期思考及社会实践所形成的思想观念、理想追求、精神向往和哲学信仰的抽象概括。教育理念则是在教育的实践过程中形成的对教育活动的理性认识以及在教育思维活动中形成的教育观念。思想政治教育的理念是思想政治教育中的主体在不断的教育实践过程中形成的有关思想政治教育最基本问题的本质和规律的理性认识，是对思想政治教育的地位、功能、目的、任务、过程、内容、原则、方法和规律等的总体看法，是对思想政治教育观念起统领作用和统摄意义的核心观念，是所有参与思想政治教育活动的主体在思想政治教育实践过程中所要遵守的根本指导思想和行为准则。而高校的思想政治教育理念则具体针对的是对高校中的大学生的思想政治教育社会实践活动的理性认识。它也是高校中思想政治教育的主体在思想政治教育思维活动中形成的一种教育指向性观念。高校思想政治教育理念在实践中不断创新，在创新中不断发展。这种创新与发展主要来源于先进的思想和理论及对现实问题的尊重与深入反思。

一、"以人为本"的教育理念

传统的高校思想政治教育用统一的目标教育、统一的人才培养模式、单一的教学方法教育学生，片面强调教师权威，通过"填鸭式"的教学手段灌输教育内容。国务院颁发的《关于进一步加强和改进大学生思想政治教育的意见》明确提出，把"以人为本"作为加强大学生思想政治教育工作的指导思想。文件还明确地指出，高等学校的思想政治教育要坚定不移地坚持"以人为本"，思想政治教育要始终贴近学生的生活实际，这样才能提高思想政治教育的实效性和吸引力，才能培养出德智体美劳等全面发展的社会主义优秀建设者和接班人。说到底，思想政治教育工作是为人的工作，所以必须坚持"以人为本"。要不断地坚持教育人、鼓舞人、引导人、尊重人、理解人。"以人为本"作为一种教育理念要求高校思想政治教育工作在这个前提下探索有效方法，促进高校中大学生思想政治素质的提高。现在，高校思想政治教育在贯彻"以人为本"理念的研究与探索中已经取得一定的研究成果，这些成果对高校思想政治教育从不同的方面、层次和角度做了有益的探索，对教育实践产生了一定的影响。研究高校思想政治教育"以人为本"的教育模式要从内涵研究入手。

二、"德育为先"的教育理念

"德育为先"理念早在春秋战国时期便已经逐渐形成，儒家学说曾进行过系统阐述，孔子指出："弟子，入则孝，出则悌，谨而言，泛爱众，而亲仁。行有余力，则以学文。"说的就是要首先培养人的道德观念和行为，然后才有闲暇时间和余力来学习文化知识。孔子主教的文献、德行、忠诚、信用四大科目中，德行、忠诚、信用均为典型的德育课。同时，儒家学说将智性知识也归为德行知识，德育对智育具有兼容性。这些奠定了中国几千年教育以德育为先的基调。

三、开放式的教育理念

当今时代，是一个空前开放的时代，社会处于前所未有的开放性融合过程中。在科技日新月异，经济全球化、社会信息化、信息网络化、文化多元化、价值取向多样化的社会转型重构中，世界日益成为一个联系更加紧密的有机整体。传统封闭式教育模式被打破，全方位开放式的新型教育成为时代需要。随着这种变化，高校学生的独立性、选择性、多变性、差异性问题也凸显出来。高校思想政治由于其自身的特殊性，必然也需要顺应社会发展要求，敏感把握时代走向，用开放的教育理念指导高校思想政治教育的转型与模式重构。高等教育的根本任务是培养人，高校思想政治教育能够在思想和精神上保证学生的健康成长、顺利成才、成功就业。把开放式教育理念引入高校思想政治教育工作之中，构建开放式思想政治教育的体系，旨在突破传统观念，以实现高校思想政治教育教学模式、教学内容、教学目标和管理机制的创新。

开放式教育理念源于法国卢梭的自然主义思想，后来经过英国教育家尼尔等人的实践，被应用于实际的教育行为中。开展开放式教育最成功的国家是美国。开放式教育是针对传统封闭、灌输式教育模式而言的。开放式教育通过营造一种开放、民主、平等、自由、互动与和谐的教学关系及教育氛围，优化教育资源和环境，借助现代科技手段，构筑起一种新型的教育模式，其根本目的在于使学生全面发展。开放的教育理念的提出源自开放式教育的启示。开放的教育理念则源于法国教育家保罗·朗格朗所倡导的终身教育思想，他提出突破传统教育的限制，促使教育发展进入一个全新的理想境界。高校的思想政治教育利用多元的教育资源、自主互动的教育模式、民主平等的师生关系、创新与和谐的教育氛围，对学生进行树立科学正确的世界观、价值观和人生观的教育，从而使学生成为一个能正常融入社会生活、适应社会发展的高素质的专门人才。思想政治教育的开放式教育理念能使学生的思想政治教育与开放多元的社会环境相适应，借此来保证学生的全面自由发展，进而客观上推动社会的进步。

第三节 思想政治教育的内容

当今社会的变化对当代大学生的思想产生了很大影响，大学生思想政治教育对于塑造大学生有着极为重要的作用。高校是培养高层次人才的基地，是进行马克思主义意识形态教育的重要阵地，要确保人才培养质量，确保中国特色社会主义事业后继有人，大学生思想政治教育必须加强"三观"教育、生命观教育、心理健康教育、道德教育和法治理念教育。

一、基本教育内容

（一）高校思想政治教育的基本内容

基本内容是指社会的基本要求、做人的基本品质，它涉及生活的各个方面，贯穿一个人的一生，是大学生思想政治教育中最基本的内容，具有基础性、广泛性和持久性等特征。主要包括以下几方面内容：

1.以爱国主义为核心的政治道德教育

中国古代传统一直强调集体主义，统治阶级向来重视培育民众的爱国主义精神，对社会、对国家、对民族的高度责任感，这体现在传统美德中的"大义""大节"里，这种爱国主义情怀展现着中华民族的凝聚力、向心力，是推动中华民族不断发展的不竭动力。因此，继承和弘扬爱国主义精神，是加强传统美德教育的首要内容。

大学生是国家和民族的希望，是全面建成小康社会的主要力量，他们爱国情感的强弱，将直接关系到社会的进步和发展，关系到整个国家和民族的前途和命运。因此，必须强化爱国主义教育，以增强他们的民族自豪感、自尊心、自信心和自强精神，增强他们的爱国热情和报国之决心，使其在实现中华民族的伟大复兴中贡献力量。

2.以"仁"为核心的社会道德教育

"仁"是中国传统社会道德体系中的重要内容，也是孔子思想的核心，儒家将"仁"视为为人处世的最基本要求和最重要的道德规范，而"仁"的主要内容是"爱人"。作为处理复杂的社会关系的基本准则，仁的这种"爱人"情感不仅囊括了个人的亲缘关系，更扩及生活周遭的人际关系乃至整个社会和国家，仁是一种主体自觉的、有意识的道德修养。"仁"作为传统儒家极力推崇的道德规范和统治秩序的基础，对调解人与人之间的关系，人与社会、国家的关系都具有不可替代的作用，对中国后世社会的道德体系建设影响深远。

道德规范教育是帮助大学生了解正确处理个人利益与他人利益、个人利益与集体利益关系的行为准则的教育，并在这些行为准则的指导下，将这些准则外化为实际行动和道德习惯。道德规范教育是一种养成教育，它实质是教导一个人如何成为一个真正的"人"，如何安身立命，这是一种最基本的教育，只有在这一教育的基础上，才谈得上其他的教育。道德规范教育是政治教育、思想教育的起点，只有搞好基本的道德教育，才有可能培养具有正确政治思想、科学世界观的社会主义新人。正如儒家所倡导的"修身、齐家、治国、平天下"，只有自己有了很高的道德修养，才谈得上报效国家，造福社会。

道德规范教育的基础地位是由道德规范的特点决定的：第一，稳定性强。社会意识形态都具有相对稳定性，但道德比其他意识形态变化更慢，表现出更大的稳定性。经济关系和政治制度的变革，固然使旧的道德失去了存在的客观现实依据，但由于旧道德已经在漫长的岁月中逐步演变为人们的传统习惯和风尚，而且这种传统习惯和风尚往往与人的信念、情感、民族的社会心理结构整合在一起，因而具有更大的稳定性。第二，渗透性强。道德规范是从现实利益关系的角度，特别是现实生活中个人对待社会整体利益和其他个人利益态度的角度，去调节人们的各种社会活动和社会关系的。也就是说，凡涉及现实利益关系特别是个人利益和他人利益、集体利益的关系的活动，都属于道德规范调节范围，因此道德规范涉及人们社会生活的各个领域，与人们的日常生活紧密联系、息息相关。第三，自律性强。与法律规范不同，道德规范提倡"应当怎样""不应当怎样"，而不是"必须怎样""不准怎样"，它通过社会舆论、传统习惯和人们的信念来维持，通过劝诫、说服、示范等方式起作用，不是靠国家强制力维持。

从以上道德规范的特点我们可以看到，由于大学生的日常思想行为大量地表现为道德品质和行为的调适，道德规范可以成为他们正确处理与他人关系的行为指南，因此，道德规范教育与其他思想政治教育内容相比，与大学生日常生活最为贴近，具有其他思想政治教育内容所没有的基础优势。而且由于道德规范的稳定性和自律性，它对指导大学生正确处理个人与他人、集体之间的关系具有持久的效力，这增加了道德规范教育作为思想政治教育基础的牢固性。

3.以"五常"为核心的人伦道德教育

儒家提倡"仁、义、礼、智、信"（"五常"）。中国传统伦理将道德视为人的本质属性，主张用道德来调节、维系人与人之间的关系，并提出以仁、义、礼、智、信来构建人类社会的基本秩序，而这"五常"也成为贯穿整个古代社会的基本道德观念，千百年来影响着人们修己养性、立身处世，并对中华民族的道德素质和道德精神的形成产生了巨大的推动作用。

4.注重个人修养

早在先秦时期，儒家就把道德教养放在十分重要的位置，经过每代思想家的继承发扬和不断完善，最终形成了独具特色、内容丰富、自成体系的道德修养理论。这一理论把个人的道德修养与齐家、治国、平天下结合起来，认为"物有本末，事有终始"，一切都要从修养个人的品德做起，只有修身才能齐家，然后才能达到治国平天下的目的。古人认为慎独、自省是入德的基本方法，有礼有节的礼仪可以引起别人的钦佩赞美，增强自身交往的人格魅力。中国历史上的道德修养理论同儒家的忠、孝等道德规范相结合，并经过统治阶级的大力宣传和推行，曾经对维护和巩固封建社会的政治经济制度发生过重要作用。

（二）高校思想政治教育的主导内容

1.大学生"三观"教育

"三观"教育指的是世界观、价值观和人生观的教育。"三观"是制约人生行为和方向的三大精神因素，或者说是人生的三大精神动力。大学生正处于世界观、人生观和价值观形成的关键时期，帮助他们树立崇高的理想信念，树立起正确的世界观、人生观和价值观是高校思想政治教育的一项非常重要的内容。

（1）世界观教育

世界观作为关于世界的根本观点，是对认识世界和改造世界的根本看法。对世界观的广义理解占据了主导的地位，相应地在"三观"关系上也形成了某种世界观的话语霸权。人生观、价值观处于附属的、依附的、被支配的、被决定的地位。"世界观决定人生观，有什么样的世界观就有什么样的人生观"一度成为公论。世界观是人对整个世界（自然、社会和人，客观世界和主观世界）及其发展规律的基本看法和根本观点，但当与人生观、价值观比较或并列时，世界观就狭义地指向除人以外的外部世界。世界观的思想对象内在地包含了人生观和价值观的思想对象，其理性思维和观察、实验的科学方法也适用于人生观和价值观领域。因此，世界观是一定人生观和价值观形成的认识前提和思想理论方法的指导。只有这个问题解决好了，我们才能有一个待人处事的正确态度、观点和方法，才能建立起正确的人生观。马克思主义的创始人以解放全人类、实现人的全面自由的发展为己任，以此为核心建立起了科学的世界观。我们进行世界观教育，就是要进行马克思主义世界观的教育，其中包括辩证唯物主义教育、历史唯物主义教育和马克思主义认识论的教育。

（2）人生观教育

人生观的本质含义是人们对人生问题的根本看法和观点，其教育的对象是人，是一种人们对人生的目的、意义和价值等方面的理解和看法。具体包括人生理想、人生目的、人生价值和人生态度教育等四方面内容。在高校思想政治教育与生命教育的教学过程中，关于人生观的教育，应符合中国的实际国情，符合传统文化指引的方向。总的来说，人生观教育就是立足于社会发展和人的需求，以追求人生的整体和谐发展为教育目标，并引导人们确立正确的人生目的和科学的人生态度，在这一过程中实现自己的人生价值的教育理念。但是，因为人们的生活际遇、文化水平和社会环境存在差异，所以形成了不同的人生观。而积极的人生观可以指引人们走上正确的道路，创造自己的人生价值，成为一个有益于社会、有益于人民的人。

（3）价值观教育

①价值观

价值观教育主要是让教育对象搞清楚"什么是有价值，怎样才能有价值"。价值观是人内在的思想观念，渗透并反映在行为的各个方面，它是多层次、多角度的。根据大学生价值观的多样性，要从多方面入手构造一个全方位的价值观教育体系。

②政治价值观教育

政治价值观是对一定的社会政治事务和政治现象之意义的评价，是大学生价值观体系的主导部分。它反映的是大学生对政治现实和政治理想的一般评价、心理倾向及行为取舍，是大学生关于社会政治生活的价值评价的观念的总和。大学生是国家的未来，他们的政治价值观将有可能影响到国家的前途命运。因此，对大学生进行政治价值观教育是任何一个国家都非常重视的问题。

2.大学生生命观教育

生命观教育是中国当前大学生思想政治教育的前沿内容之一，也是国家教育行政机关目前要求教育者探索的一个重要内容。生命教育重在提升当前大学生的生命质量，是启发大学生找回信仰、找回生命意义的一个重要途径。

（1）生命观内涵

生命观，即人们对生命的总的认识或看法，具体说就是对生死的看法。生命观不仅包含了生，还包含死。向死而生，从死亡之中寻找生命的真意，是人们看待生命的正确途径。生命是死和生相互交织在一起的网格，任何一方的缺失都会造成生命的不完整。对于大学生来说，准确理解"生"与"死"，对于他们正确看待生命、热爱生命有积极的意义。

生命观不是人们对人的生命的单纯看法，它综合了人们对人和社会的共同认识。它是一种社会性观念，社会政治、经济发展状况决定人们生命观的走向，决定生命发展的价值取向。更加准确地说，生命观是构建在人物质生活基础之上的意识形态，会对社会政治、经济、文化的发展产生重要影响。

（2）生命教育的内容

对于生命观教育的概念学术界至今没有统一的界定，也较少研究，我们通过理解生命教育的内涵，明确生命观教育的内涵。关于生命教育的概念，学术界有不同的观点。郑州师范学院副校长刘济良认为生命教育是在个体的基础上，通过有目的、有计划的教育活动，对个体生命从出生到死亡的整个过程，进行完整性生命意识的培养，引导受教育者认识生命的意义、追求生命的价值的过程。中国矿业大学副教授王晓虹认为生命教育主要是帮助人们学会珍爱自己的生命，尊重他人的生命，思索生命的意义，找出自己存在的价值，提升生命的质量，培养人们的人文精神。

相关学者在对相关学术研究中的生命教育的定义进行分析综合后，结合自身的理解，归纳出生命观教育的内涵。生命观教育是指在社会、学校、家庭、受教育者自身的通力配合下，通过多种途径和方法，帮助受教育者正确认识生命，学会珍爱生命，理解生命的意义，培养积极向上的生命情感，不断完善和超越自己，实现自己自由而全面的发展。

（3）生命观教育的意义

大学阶段是一个人世界观、人生观、价值观形成的重要时期，大学生是未来国家建设的栋梁之材，对大学生进行生命观教育，帮助大学生树立正确的生命观，有利于大学生更好地成长、成才，有利于社会的稳定与发展。

对大学生进行生命观教育，有助于帮助大学生树立正确的生命观，使其学会珍爱生命。生命是不可逆的，一旦失去就不会再来。生命是价值的本源，只有珍爱和保存物质生命，才能实现价值的创造。不仅要珍爱自己的生命，而且要珍爱其他一切生命，不自伤、不伤人，不侵犯其他一切生命。生命观教育有利于大学生勇敢面对挫折和困难，掌握基本的求生技能，养成健康的生活方式，学会调节不良情绪，保持健康的心理和独立、完善的人格。

大学生生命观教育，有助于大学生实现生命的意义与价值。生命的长度是有限的，但宽度和深度是可以无限拓展的。生命观教育有助于鼓励大学生充分发挥主观能动性，树立远大的理想，脚踏实地，不懈奋斗与追求；有助于大学生在生命的过程中，不断地完善和超越自己，努力实现生命的崇高意义，促进其自由而全面地发展。通过实践付出与创造，为他人和社会做出贡献，同时获得他人和社会的尊重，丰富人生的幸福体验。

在享乐主义、拜金主义盛行的今天，对大学生进行生命观教育意义重大。它可以帮助大学生树立正确的人生观、价值观，促使大学生发扬中华民族勤劳、俭朴的优良作风，积极进取、勤奋努力，实现人生的理想和生命的价值，为国家的发展和稳定贡献自己的力量。为避免大学生被一些极端主义思想洗脑，大学生需要接受生命观教育，树立科学的信念，爱惜自己的生命，尊重他人的生命，自觉抵制不良思想，不伤害自己、不伤害他人，营造和平安定的社会氛围。

3.大学生心理健康教育

（1）心理健康

对于心理健康的定义，在当今学术界仍是一个有争议的问题。《简明不列颠百科全书》中对心理健康这个条目是这样界定的："心理健康是指在客观环境允许的状况下一个人的心理健康状况所能够达到的最佳状态，当然不是指绝对的最佳状态，是相对而言最好的状态。"《心理学大词典》对心理健康的解释为，心理健康是心理卫生的有效反映。在外部环境下是个体的心理发展动态，如挫折适应能力、人格健全发展等能够持续达到健康或良好状态的一种心理态势；在内部条件下，是个体的自我认知、自我体验、自我控制能与外部环境之间保持和谐稳定。由此可以归纳出，心理健康是个体在内外部环境下面对复杂问题时所达到的一种积极心理态势。

（2）心理健康教育

心理健康教育指的是保障个体心理素质能够得到全面提升的一种教育，它通过采取一系列的心理矫治措施，调动内外积极因素去解决人们的心理问题。心理健康教育的功能是使人们在逐步认识自己、深入了解自己后，在体验社会环境时能够审时度势，面对突发状况和挫折挑战能够学会自我调节、自我控制，有适应环境的能力和承受打击的心态。这样才能学会在社会中生存、在实践中更好地发展自己。而对于有严重心理疾病的人群要进行有针对性、科学性的心理疏导，使他们及时摆脱烦恼、克服心理障碍，早日踏入社会，提高他们的心理素质，促进其心理健康发展。

（3）高校心理健康教育

对于高校心理健康教育的定义，不同的专家、学者在教育目的、工作内容等多方面给出了不同的阐述。中国学者陈家麟认为，高校心理健康教育是以学生生理、心理发展特点为基础，依托心理学的理论和技术，以促进学生身心和谐发展和素质能力提升为目的的一种教育活动，其宗旨是开发学生的心理潜能、培养学生完善的心理素质。何少颖认为，心理健康教育是指"教育者运用心理学、教育学、社会学、行为科学乃至精神病学等各种科学的理论和技术，有计划、有目的地对学生心理施加直接或间接影响，使学生保持积极健康的心理状态，从而充分开发自身潜能，促进其心理健康与人格和谐发展的一种教育活动"。综合以上观点，笔者认为，高校心理健康教育，就是教育者通过掌握心理疏导的方式与方法，让大学生了解心理健康知识，帮助大学生调试与矫正身心发展中不利于其心理健康发展的思想和行为，从而促进大学生的知、情、意、行在他们成长的环境和条件中达到最佳状态的一种教育实践活动。

（4）高校心理健康测定标准

大学生是一个特殊的社会群体，根据大学生的年龄特征、社会角色和心理发展的特点，中国大学生心理健康有其自身的标准。

①有效的学习和工作

这是大学生心理健康的基本标志。心理健康的大学生能够正常地利用和有效地发挥自己的智慧和能力，在学习和工作中取得应有的成效，并从学习和工作中获得一定满足和乐趣。

②客观的自我认识

心理健康的大学生对自己有比较客观的认识和评价，既不过高地评价自己，以致狂妄自大，也不过低地评价自己，以致自暴自弃，而是愿意努力挖掘和发展自身的潜能。同时，能够悦纳自己，对于自身通过努力但无法补救的缺憾，也能安然接受而不做无谓的抱怨。

③适当的情绪反应

心理健康的大学生能够适时适度地抑制或调节自己的情绪，当引起某种情绪的因素消失之后，会视情况而逐渐平复，恢复到正常的生活形态，不会漫无止境地延长而致使整个生命都弥漫着这种情绪；能够经常地保持愉快、开朗、自信、满足的心情，善于从生活中寻求乐趣，对生活充满希望。

④和谐的人际关系

心理健康的大学生总是乐意与人交往，并且在交往时肯定的态度（如信任、友爱、尊重、赞美等）总是多于否定的态度（如怀疑、憎恨、蔑视、嫉妒等）。在与人交往中能够保持独立而完整的人格，客观地评价他人，与人和睦相处，乐于助人。对其所在的集体总是予以关心和爱护，有一种休戚与共的感情，必要时能为集体放弃个人的某种愿望。

⑤统一的人格

心理健康的大学生能够保持相对稳定的、有机统一的人格，能够以正确的人生观和信念为中心，将自身的需要、动机、思想、目标与行为统一起来，使其各种人格特征具有一致的倾向性。这并不是说大学生的人格一成不变，而是随着客观现实的变化而发生相应的变化，并且在变化中保持各方面的协调性，从而使人格得到不断完善。

⑥与社会的协调一致

心理健康的大学生能够与社会保持良好的关系，主动地去了解社会和适应社会。如果发现自己的思想、欲望、目标和行动与社会的利益和大多数人的利益相违，就会放弃或调整自己的行动计划，以谋求与社会的一致，逐步建立符合社会规范、适应社会变化的生活方式。有积极的处世态度，勇于改造现实环境，以达到自我实现与对社会奉献的协调统一。

在人生发展的过程中，心理的健康是一个动态的概念，人随时都有可能出现不健康的心理，大学生同样如此。只要经常对照心理健康的标准，及时调适自己的心理，就能够保持心理健康。

4.大学生人文教育

（1）人文教育

美国著名的哲学家、教育家杜威在《民主主义与教育》一文中说，人文教育是"共同体的每个成员都应该接受的教育。这是一种能够释放每个人能力的教育，使他能够幸福，也对社会有用"。人文教育能够帮助人们自觉地生活，增强人们寻找和定义所做之事所包含的意义的能力。它使人们学会自我分析和评判，帮助人们树立明确的理想信念和价值观念。人文教育能够增强开展行动、发现事物意义、做出选择的能力。对于大学生来说，人文教育既可以作为教学课程出现在课堂之中，也可以作为传播途径，帮助大学生树立正确的价值观。人文教育在不同的历史发展时期具有不同的内涵和表现形式。但是其基本精神大概没有发生变化，都是强调以人性教育、完善人格为宗旨，以注重实现和促进个体身心和谐发展为培养目标，使人进入高尚的精神世界，养成良好的人品、理想、教养和品德。现代的人文教育就是将人文精神通过教育活动、环境熏陶等方式和途径，内化为人的品格因素，实现对人的精神世界的全面塑造。

（2）人文教育功能

人文教育最重要的功能是"教人做人"。人文教育可以滋养人的内在品格与精神，提升人的文化素养，使人达到更深层次的思想水平。那么对于当今的大学生来说，人文教育的功能则是：帮助大学生构筑精神层面赖以归属的家园，消除异化。当前的科学教育带有一定的功利性，它使大学生更加注重物质需求，从而忽视了精神理想世界。

人文关怀的缺失使他们在面对复杂社会中出现的负面影响时缺乏价值信仰和心理准备。一旦受到挫折，就陷入深深的焦虑与失望之中。要使大学生能够真正地拥有抵御这种现象的精神武器，就要进行人文教育的引导，帮助他们找到自我，并树立正确的价值观，在"物欲横流，私欲膨胀"的社会中不被异化。人文教育既可以提升人格，又可以培养信念，应该被再度重视起来。

大学的人文教育，能够帮助大学生树立起正确的世界观、人生观及价值观，帮助他们建立起积极向上的人生理想和人生目标。通过人文教育对其进行培育能够使他们正确认识自我，同时拥有建设社会、改造社会的强大力量。

二、基本教育方法

要做好大学生思想政治教育，顺利地完成大学生思想政治教育任务，需要正确地掌握和运用大学生思想政治教育的实施方法。这是大学生思想政治教育的主体为完成一定的大学生思想政治教育任务，在对教育对象实施思想政治教育的过程中所采用的一切方式、办法或手段的总和。

（一）说服教育主要方法

说服教育方法，也称为以理服人的方法，包括以真理、事理、情理服人。大学生群体既是一个青年群体，也是一个知识群体。他们在成长过程中，更重视也更需要追求真理、尊重事理、珍惜情理，因而在思想政治教育过程中，必须采用说服教育方法。

1.疏导教育法

疏就是疏通，导就是引导。疏通是引导的前提，引导是疏通的目的。所谓疏导教育法，就是广开言路，集思广益；就是在疏通的基础上对正确的意见和思想观点加以肯定和支持，促使其进一步发展；就是通过民主讨论、说服教育、批评与自我批评的方法，把不正确的意见和思想观点引导到积极、健康、正确的方向上来。人们的各种思想认识问题，只要存在，就会以各种不同形式，通过各种渠道表现出来。堵塞言路，强制压服，都不符合人们思想变化发展的规律。只有采取疏导的方法，让人们畅所欲言，把各自的思想、观点和意见都充分讲出来，以便充分掌握人们的思想状况，然后再加以引导，以促进人们的思想沿着正确的方向发展，这才是科学的思想政治教育的方法。实施疏导教育，首先，坚持发扬民主，畅通言路，营造畅所欲言的气氛。只有这样，才能使思想政治教育者更多地了解教育对象的实际情况，好地把握教育对象的思想活动特点，找到合适的具体引导办法和引导的角度。其次，要坚持正面引导，以理服人，在教育的过程中坚持用马克思主义的立场、观点和方法，进行分析、启发、开导。同时，也要正视教育对象在思想认识上存在的偏差，诚恳地指出问题，激发他们的自信心，调动他们的积极性，促进其思想的转化和提升。最后，教育者要以身作则、言行一致，用自己的实际行动和人格力量去影响他人、感召他人和带动他人，只有做到身教与言教的统一，教育者才能在受教育者中树立威信，疏通才有基础，引导才有力量。

2.典型引导法

典型引导法是一种事理教育方法，就是运用典型事实，通过典型个人的成长过程及事迹的宣传和倡导，进行教育和启发。这一方法要求善于在学生的实践活动中发现典型、培养典型，运用典型开展思想政治教育。通过典型的表率和借鉴作用，使广大学生向好的典型看齐，发扬正气，压倒邪气。通过活生生的正面典型人物或事件来进行教育，可以引发学生思想情感的共鸣，引导学生学习、对照和仿效。典型教育法具有形象、具体、生动的特点，它是理论与实际的有机结合，较说服教育更富有感染性和可接受性。典型引导法是我们党传统的思想政治教育方法之一。按照典型的性质来划分，有正面典型或先进典型、后进典型或反面典型；按典型的类型来划分，有单项典型、综合典型、全面典型；按典型的构成来划分，有集体典型、个人典型。另外，典型引导法还要求通过对典型的调查研究，全面了解和总结典型的经验教训，找出带有规律性的东西进行推广。

3.隐性教育法

隐性教育法是大学生思想政治教育方法创新的课题，是大学生思想政治教育方法创新的突破口。隐性教育方法主要包括渗透式教育方法、陶冶式教育方法和实践体验教育方法等。渗透式教育方法主要指教育者运用科学的方法将教育的内容渗透到受教育者可能接触到的一切事物和活动中，潜移默化地对人们产生影响的方法。隐性教育法是真理、事理、情理相融合的方法。众多专家认为，隐性教育的内容应当广泛渗透在优秀的科任教师、课程设置、校园文化、先进人物的榜样示范和良好的社会环境之中。自觉运用渗透式教育方法，要选择合适的载体，这些载体包括活动载体、文化载体、管理载体和传媒载体等。陶冶式教育方法，即营造一个健康、乐观、向上的文化氛围和教育环境，开展学生喜闻乐见的文化艺术活动，使人们在耳濡目染中受到思想道德熏陶的方法。陶冶式教育方法就是寓教于境、寓教于情、寓教于乐。这里的教育环境既包括有形的自然景观、文化景点，也包括无形的文化氛围和社区人际关系。孔子很重视陶冶的方法，提倡用诗歌、音乐来陶冶学生的性情。实践体验教育方法，即组织人们自觉参与群众性精神文明创建活动以及社区的管理和建设，自愿参与各种生产劳动和社会服务活动，丰富实践体验，提高思想道德素质的方法。如开展"文明社区""文明单位""文明班组""文明校园"等建设，实施面向社会弱势群体的"帮贫助困"工程，组织参加青年志愿者和"三下乡"等活动，都能收到良好的教育效果，体现了体验教育的巨大作用。

4.身体力行法

身体力行，指的是"亲身体验，努力实行"。它是教育者对受教育者进行思想政治教育的一种方法和手段。这种方法不是教育者用语言向受教育者阐述道德规范和如何按照道德规范去行动，而是教育者在日常工作、学习和生活中，以自身的言谈举止所蕴含的真理、事理、情理去影响受教育者，使受教育者在潜移默化中受到感染，接受教育，从而提高自己的道德认识、道德情感、道德意志和道德行为。在思想政治教育过程中，教师对学生的影响，应该说是身教重于言教。

5.榜样教育法

榜样教育法是指通过树立先进典型，以先进人物的先进思想、先进行为为范例，教育学生提高思想认识、政治觉悟和道德品质的一种方法。榜样教育法又叫示范教育法，与正面典型教育法有相近之处。榜样教育法把抽象的说理教育变为通过活生生的典型人物和先进事例来进行教育，从而引发人们的思想感情的共鸣，引导人们去学习和仿效。榜样教育法具有宣传群众、组织群众、激励群众奋发向上的功能，这是因为它符合人们的自尊、模仿、从众等心理活动的特点，易于为人们所接受。榜样的力量是无穷的，其可以起到激励、感召、引导人们奋发向上的巨大作用。榜样具有这样强大的吸引力和感召力，是进行正面教育的最生动、最形象的"教科书"。教师不仅是科学知识的启蒙者、传授者，同时也是启迪教导学生学习、生活、做人的良师益友。由于学生具有模仿性和向师性的心理特征，教师是学生直接学习的榜样，教师在思想政治教育过程中就不能忽视自己榜样意识的培养，让自己的言行在潜移默化中对学生产生积极影响。在这一方法的运用过程中，我们要注意以下几个方面的要求：要注意榜样的真实性；要注意榜样的层次性和代表性；学习榜样要注意创新性；要尽可能让榜样现身说法；要注意培养、关心和爱护榜样。

(二) 管理教育主要方法

1.教书育人法

教书育人法就是指教师在教育实践中既要向学生传授文化知识，又要培养学生良好的思想品德。教育是培养人的活动，这一本质属性贯穿一切教育之中。教师充当教育者的角色，教书与育人是教师神圣的使命和职责。首先，任何一门文化知识课的教学都自觉或不自觉地渗透着思想道德的教育因素。"教学永远具有教育性"，这是一条不以人的意志为转移的客观规律。当然，在教学中贯穿教书育人的原则并不是一项简单的任务，它要求教师在传授文化知识的同时积极展现教材中的思想道德教育因素，结合学生的特点进行思想政治教育。只要教师意识到自己教书育人的责任，就能在教学中找到教书育人的结合点，就能收到教学与教育的双重效果。教书和育人在教学活动中的密不可分，还表现为教育者教书行为本身具有育人的意义。教师与学生的关系存在一种垂范与效法的关系。无论就教育者的职责来说还是就其在受教育者心目中的地位来说，教师总是学生的楷模和表率，教师在教学过程中的政治立场、思想观点、处事原则、道德品质都会自觉不自觉地表现在课堂组织、教学态度、教学方法和言谈举止中，这些对学生的世界观、人生观、道德观的形成和发展都有十分重要的意义。因此，教师的教书行为本身也包含着丰富的育人意义。正是因为如此，各个高校都把教书育人作为教师管理、教学管理的重要内容。

2.管理育人法

这是一种寓教育于管理活动之中的方法，是运用一定的组织纪律或行政措施来约束、规范和协调人们的行为，以使其养成良好的行为习惯和道德作风的方法。管理育人的实施以建立、健全和贯彻执行合理的管理制度为前提。健全必要的规章制度是维护一个单位正常秩序和生活节奏的必要条件，是实现管理育人的基本保证。管理和教育有机结合也是实现管理育人的根本条件之一。大学生要树立正确的世界观、人生观、价值观，养成良好的行为习惯和思想道德品质，既需要长期的思想政治教育，也需要有效的管理，只有把教育与管理有机地结合起来，把思想政治教育渗透、贯穿于管理的全过程，才能使各项规章制度的贯彻执行成为学生的自觉行动，并能用管理来巩固思想政治教育的成果。管理教育法要求把严和宽结合起来。规章制度一经制定和颁布，就要坚决贯彻执行，严格要求，使之成为学生行为的准则。严宽相济要求原则性和灵活性相结合，善于因势利导，严而不死，宽而不乱，有弹性地进行管理工作。管理教育法的具体方式很多，主要的方式有养成教育法、管理育人法和奖惩教育法等。

3.服务育人法

服务育人法是指学校在提供服务的过程中，对服务对象提供行为影响，通过优质服务及服务者的良好形象，形成良好服务环境与影响。服务育人的直接作用是在为学生提供某种物质需要的同时也提供必要的精神需要，使物质文明和精神文明互补。对于服务者来说，首先要创新服务育人理念，树立"大服务"理念，把高校所有的工作环节都纳入服务育人的体系中来，而不是仅仅把服务育人的工作看成后勤的任务。要树立"以学生为本""以服务为民"的理念。要求教育工作者为学生提供真情服务、细致服务、特色服务，树立全面服务、全员服务、全心全意服务、全程服务、全方位服务的服务意识，寓教育、引导于服务之中，促进学生在接受良好服务的过程中，进一步认识自己、反观自己、审视自己，感受、培养自己为他人服务的精神。学校的服务育人要把充分发挥大学生的积极性和主动性、促进大学生的全面发展定为追求的最终目标，大力倡导以人为本的现代教育理念。高校服务育人的内容应该丰富和多样，如大学生学习服务、生活服务、特殊群体服务、毕业生就业指导和服务、贫困家庭学生帮扶、大学生的心理健康教育服务等，都是服务育人的具体方式。

4.心理咨询法

在思想政治教育过程中，心理咨询方法是指运用心理学的专门知识和技术，通过语言、文字等媒体，对受教育者的心理、行为施加影响，使其认知、情感、态度发生变化，解决其心理问题，以维护其心理健康的方法。作为一种专业性极强的方法，其在思想政治教育中的运用形式也是多样的，常见的形式有以下几个：

第一，现场咨询。现场咨询就是教育者或咨询机构的专业人员深入广大学生当中，为更多的受教育者提供多方面服务的一种咨询形式。

第二，电话咨询。电话咨询是通过打电话或发短信进行交流和咨询。这是一种较为方便而又迅速及时的心理咨询方式，可以及时帮助思想或心理有问题的学生排忧解烦，有效预防因心理危机而酝酿的自杀与犯罪等行为的发生。

第三，专栏咨询。专栏咨询主要是通过报刊、广播、电视等大众传媒形式对群体的典型心理问题进行解答。通过专家对一些典型心理问题的答复，可以使很多学生受益。

第四，网上咨询。网上咨询是随着互联网技术的发展和普及，各学校或大型单位设立心理谈心室或心理咨询访谈，由专业的教育者或咨询者主持，广大受教育者随时可以通过网上咨询，宣泄思想情绪或困惑，克服心理障碍，促进良好心理素质的培养。网上咨询由于快捷、虚拟，可以使双方畅所欲言，实现充分的交流和心理的抚慰，其应用性越来越广。

第二章　高校思想政治教育教学的过程

第一节　高校思想政治课教学过程的本质

教学作为一个过程，是在教育者主导下，在特定的时空范围内有序进行的，思想政治理论课的教学也不例外，教学过程论是组织教学活动的理论基础，只有科学认识思想政治理论课的教学过程，才能把握教学过程的本质和规律，有效地组织教育教学活动，实现培养目标。

研究思想政治理论课教育教学过程的本质，必须研究教学活动。教学现象是非常复杂的，从广义上讲，教学就是教育者指导受教育者以一定的文化为对象所进行学习实践的活动。从狭义上讲，教学就是指学校里面的教学，是特指学校中的教师指导学生一起进行的，以一定文化为对象的教与学相统一的活动。教学活动的开展都离不开教学过程，教学过程是教学的客观存在，也是教学论研究的基本问题之一，目前，教育界对教学过程的本质还有不同的认识。

总体上看，教学活动是社会培养人才的一种实践活动，它是由教育者的"教"与受教育者的"学"以及教学媒介（教学内容、教学方法等）等相互作用，所形成的一种矛盾运动。教育者的"教学"活动本质上是一种特殊实践活动，学生的学习是一种认识活动。思想政治理论课教学过程的本质是实践与认识相统一的实践活动。

一、教学过程的本质

教学过程简言之就是教学活动有序展开的过程，它存在于各类教学活动中。教学过程有不同的形式，如理论教学、实践教学等；也有内容之分，如德育教学、智育教学、美育教学、体育教学等；还有层次之分，如小学、中学、大学、研究生教学等，就本书而言，我们关注的是大学生的思想政治理论教育，属于德育教学范畴。思想政治理论课教学过程是一个内涵认识与实践相统一的复杂实践活动。"马克思主义的认识论包括两个基本方面，即认识方面和实践方面。教育过程，同样也应包括认识和实践这两个方面。据此，我们可以说教学过程是学生在教师的指导下，对人类已有知识经验的认识活动和改造主观世界、形成和谐发展个性的实践活动的统一过程。"

首先，教师的理论自信是上好思想政治理论课的前提。高校教师要坚持教育者先受教育，努力成为先进思想文化的传播者、党执政的坚定支持者，更好地担起学生健康成长指导者和引路人的责任。教师必须在政治信仰方面旗帜鲜明，坚定共产主义远大理想和中国特色社会主义共同理想，坚定对中国特色社会主义的道路自信、理论自信、制度自信、文化自信。认真学习和掌握马列主义、毛泽东思想、中国特色社会主义理论体系，在真学、真懂、真信、真用上下功夫。

其次，坚持教书与育人的有机统一。思想政治理论课教学要解决一定社会要求的思想道德素质与学生实际的思想道德素质现状之间的矛盾。教师要吃透教材精神，把握教学的重点、难点，了解学生思想动态，搞清楚学生对教学活动的真实看法及要求，教学活动要贴近实际、贴近生活、贴近学生，既要言教，更要重视身教，以高尚的人格学术魅力赢得学生的尊重和对教师教学活动的认可。

所以，从整个教学过程中我们可以看到教师的教学活动，就是在引导学生的思想道德素质向着社会所期盼的方向发生转变，教师没有对所授内容的深刻的思想认识，这一改变是不可能发生的。教学过程包含一系列学生的认识活动，就是让学生真学、真懂、真信、真用马克思主义，这是教学过程最终的目的。虽然，教学活动包含学生深刻的认识运动，但是，从教育者的教学活动理解，思想政治理论课教学过程的本质是一种特殊的实践活动。

二、教学过程是一种认识活动

学习思想政治理论课内容是一种以获得间接经验为主的认识运动。总体上讲，人们获得知识的方式主要有两种，即直接经验和间接经验，每一代人受时间、精力等条件的限制，都是在学习前人积累的间接经验，再经过自身参加实践获得一定的直接经验基础上，不断深化对客观世界的认识。个人要全面深刻地看待外部世界，就必须学习间接经验，以丰富自己的知识，形成正确的世界观、人生观、价值观。

在教学过程中，学生的认识对象主要体现在教师的教学内容之中，他们不是直接去发现未知世界，而是以学习掌握马克思主义、中国特色社会主义理论体系等去间接地观察看待客观世界，也就是凭借经过学习认识形成的正确世界观去观察认识事物。"师者，所以传道授业解惑也。"教学过程中学生的学习认识活动，是在具有职业修养和专业素养的教师指导下，充分利用学校现有的各种教学条件，采取适合的教学方法方式，从学生的思想实际出发，促使学生完成学习任务，减少思想认识上的偏差，形成正确的思想认识，提高思想道德素质。

三、教学过程是一种实践活动

思想政治理论课教学是在教师、学生共同参与下，借助教学媒介，运用教学方法，促进学生思想道德素质形成和发展的过程。这一过程中充满着矛盾，教师与教材之间存在矛盾，学生与教材之间也存在矛盾，特别是教师的"教"与学生的"学"之间也存在矛盾。在教学过程存在的各种矛盾中，"教"与"学"之间的矛盾是主要矛盾，规定了教学过程的存在和发展。"教"是矛盾的主要方面，"学"是矛盾的次要方面，它贯穿于教学过程始终，决定着教育教学目标实现和教学质量实际状况，教学过程就是"教"与"学"矛盾等运动的结果。首先，解决教师与教材之间的矛盾需要教师从事深入的实践和认识活动。现在，高校使用的教材均为中央马克思主义理论研究与建设工程重点教材，并得到及时的修订。教师要重视教材修订后体例的调整、内容的变化及对教学提出的新要求。有了好的教材，为上好课提供了基本遵循，但是，这不等于就解决了教师与教材之间的矛盾。因为教材是"死"的，教师是"活"的，教学活动既离不开教材，又不能完全照本宣科。

在教学过程中，教师通过自身努力学习研究教材，吃透教材，准确地掌握并组织教学内容，因事而化、因时而进、因势而新，把教材体系科学地转化为教学体系。反之，如果教师不能很好地掌握教材内容，就会影响学生对所学课程内容的学习，甚至给学生传递错误观念。在教学过程中，有效地解决教师与教材之间的矛盾，需要教师从教学实际出发，持之以恒，不断地实践、认识，研究教学规律，提升教学实效性。

教材内容对学生来说是未知领域，不可否认，内容上较多地运用学术语言、文献话语，比较抽象概括，理论性较强，在某种意义上确实影响了学生的学习兴趣。思想政治理论课内容对一些学生来说"似曾相识"，其实不然，它既需要学生在老师的课堂讲解下直观理解记忆，又需要他们进行高度的抽象思维，它不是一般地传授知识，而是价值的塑造。

具体地看，"教"与"学"的矛盾，表现为教师所教授的教材内容与学生所接受的教材内容之间的矛盾，这一矛盾在不同时期又有不同表现形式，在现阶段表现为思想政治理论课教学应该以使大学生实现"四个正确认识"为根本目标。解决"教"与"学"矛盾，关键是"要用好课堂教学这个主渠道，思想政治理论课要坚持在改进中加强，提升思想政治教育亲和力和针对性，满足学生成长发展需求和期待"。

教师要对所教授的思想政治理论融会贯通，精辟地阐释理论，娴熟驾驭课堂教学，让学生感受到理论的价值与力量。"要教育引导学生正确认识世界和中国发展大势，从我们党探索中国特色社会主义的历史发展和伟大实践中，认识和把握人类社会发展的历史必然性，认识和把握中国特色社会主义的历史必然性，不断树立为共产主义远大理想和中国特色社会主义共同理想而奋斗的信念和信心；正确认识中国特色和国际比较，全面客观认识当代中国、看待外部世界；正确认识时代责任和历史使命，用中国梦激扬青春梦，为学生点亮理想的灯、照亮前行的路，激励学生自觉把个人的理想追求融入国家和民族的事业中，勇做走在时代前列的奋进者、开拓者；正确认识远大抱负，珍惜韶华、脚踏实地，把远大抱负落实到实际行动中，让勤奋学习成为青春飞扬的动力，让增长本领成为青春搏击的能量。"

第二节　思想政治课教学的基本环节

一、备课

所谓备课是指"教师根据教学大纲的要求和课程的特点，结合学生的具体情况，选择最合适的表达方法和顺序，以保证学生有效地学习"。备课是教学过程的起始环节，教学过程是教师有计划、有目的地对学生进行施教的活动，不是随心所欲的。备课是教师上好课的先决条件，备课充分，教师熟练掌握授课内容，就能够驾驭课堂，提高教育教学的效果。

备课既是教学的起始环节，又是教师教育教学工作的基本功之一，也是教师持续提高教育教学能力的过程。教学能力是指思想政治理论课教师按照明确的教学目的、教学要求以及思想政治教育规律，为实现一定社会要求的教学任务开展有效教育教学活动的本领。在教学实践中，如果教师不认真备课，对所授课教材内容不熟悉，或一知半解，讲不清楚道理，课堂上就只能照本宣科，无疑会误人子弟，对思想政治理论课来讲尤其如此。"要用好课堂教学这个主渠道，思想政治理论课要坚持在改进中加强，提升思想政治教育亲和力和针对性。"教师在实际教学工作中，必须重视备课环节。

（一）备课是对教学活动的精心预设

备好课是上好思想政治理论课的前提，也是增强教学的预见性和计划性，充分发挥教师教学主导作用的重要保证。备课，就要备教材，也就是要学习研究教学大纲、教科书，收集、查阅有关教学参考资料。尽管，现在高校使用的教材是中央马克思主义理论研究和建设工程重点教材，教材的科学性、权威性、针对性非常明显，但是，有了好的教材并不意味着教师就可以上好课。高校以青年人为主体，是各种思想和社会思潮的聚集地，大学生处于世界观、人生观、价值观形成的重要节点上，很容易受到各种错误思潮的干扰，给教学工作造成不小的挑战。因此，教师要在备课环节上多花工夫，钻研教学大纲、教材，领会教材的内容和精髓，争取做到对教材有自己的独到见解，分清重点、难点，把教材体系转化为自己所拥有的知识、价值体系，也就是内化为自己本身所具有的知识智能结构。这一过程就如同烹饪，教材好比好的"食材"，本身具有营养价值，但其价值要靠厨师发掘利用，通过师傅的创造性劳动，使之成为"盘中餐"。同样，只有教师对教学内容精心设计，把所授知识融会贯通，加以适当的教学方法，才能让学生产生共鸣，唤醒学生求知的欲望。当然，备课也可以以集体的方式进行，如教研室老师集体备课，就某一内容或教学中遇到的热点、难点问题展开讨论，从不同方面厘清理论脉络与难点、重点，进行教学设计，取长补短，集思广益，形成教案。

（二）备课必须关注学生的思想动态

人的思想品德的形成是多种因素作用的结果，包括心理因素、思想因素、行为因素等。在教学过程中，教师要把知识体系转化为学生的信仰、价值体系，就必须关注学生的思想动态，从而引导学生的思想道德素质向社会需要的方向发展。教学是解疑释惑的过程，了解学生的思想状况是非常必要的，因为教学活动是对学生进行社会主义核心价值体系、核心价值观教育，与学生的思想状况密切相关，不了解学生所思、所想、所惑，对牛弹琴，教学是不可能有亲和力的。教师要在施教过程中尽可能地观察了解学生的思想政治表现、道德法律意识、行为价值取向，以及对国内国际形势及社会热点问题的看法。当然，在课堂上教师也能观察到学生的一些思想变化，课后与学生交流也可以了解学生的一些真实想法。但是，这些学生思想变化零碎的信息，只能作为课下思考探究的素材。真正了解学生的精神生活世界，走进学生内心世界，是在教师备课过程中，结合对教学内容的思考，选择学生接受的角度，来逐步完成的。当代大学生生活在科技发达的信息网络时代，关心国家大事，思维活跃，视野开阔，追求个性生活，价值趋向尚不稳定，在某种程度上缺乏对网上各种信息的分析辨别能力，自律意识不强，表现出急功近利的浮躁心态。因而，教师需要了解学生的兴趣爱好、已有的知识能力水平、需求与思想状况、学习方法和日常生活习惯等。教育教学的根本目的在于以学生为本，我们要确立人在教育中的崇高地位，关心人、尊重人、理解人，让教育教学成为人的生命和心灵发育成长的过程。在看到学生共性的同时，我们还要关注学生的个性发展，培养学生思想道德素质，促进德智体美劳全面发展。总之备课中，教师要统筹思考如何有效发挥学生学习的主体地位，建构平等、民主、合作的师生关系，调动学习积极性，变"要我学"为"我要学"。

（三）备课是对教学方法的综合运用

思想政治理论课的各门课程教学目的有差别，教学要求不一样。备课过程中可以充分利用各种教学资源，精神的、物质的、实体的、虚拟的、校内的、校外的等，理论联系实际，使教学内容更加接地气。教学过程不仅是实践、认识的复杂过程，也是一个社会活动过程，现代信息网络技术的发展，为教师充分利用各种教学资源提供了十分便利的条件，教师可以把多媒体课件制作得更加符合学生学习的习惯。备课，除了把握教材的内容要求，了解学生的思想动态，还要思考如何把已经掌握的知识传授给学生，也就是如何根据教材教学内容，选择和确定教学方法。人们常说，"教学有法、教无定法、贵在得法"。根据教学内容，可以采用启发式、参与式、专题式、场景式、讨论式等教学方法，提高教学的针对性。哪些地方要精讲，哪些内容简单讲解或者不讲，哪些问题学生会有疑问，怎样启发学生的思维等，这些都要在备课过程中综合考虑而后具体在课堂上组织教学。

（四）备课必须重视撰写教案

教案又称为课时计划，是教师上课时的依据和"路线图"。像导演指导演员表演要有剧本一样，教师上课不能没有教案的帮助，它是教师课堂上"表演"的"脚本"。没有教案，上课就没有章法，甚至会产生混乱，不能实现教学目的。备课过程中，通过学习研究教材，收集教学资源，对教学大纲、教学内容、教学方法等有了新的理解和认识后，就要把备课的成果通过教案体现出来。撰写教案时，要分析教学内容的重点、难点，章节之间的内在逻辑，怎样实现教学目的，教学怎样导入，运用什么教学方法及教学资源，设计课堂提问的问题，教学活动的具体步骤，学时的分配等。一般来说，一个教案包括这样几个方面：班级、学科、上课时间、课题、课的类型、教学目的、教学方法、教学内容、课的进程和时间分配等。教案的构成中，教学进程部分是"重头戏"，应当花工夫写好，对教学内容作出详尽的设计。有了好的教案，还要处理好教案与制作多媒体课件的关系。由于信息科技的发展，多媒体技术广泛应用于思想政治理论课教学。多媒体课件是一种为展示特定教学内容，辅助开展教学活动的多媒体技术教学程序。它可以看作一个"简约版"教案，但是，不能将教案全部"移动"到多媒体课件上。因此，"教师应认真钻研教学内容和多媒体技术，起到教学的组织者、辅导者、研究者、管理者等多重身份的作用，充分发挥学生学习的主体作用，激发学生学习的积极性和主动性。这样，才能发挥多媒体课件的不可替代的作用"。

二、上课

上课是高校思想政治理论课教学活动的基本形式，是教师把教案、课件转化为教学实践的师生双边活动的过程，是全部教学工作的中心环节。提高教学质量，必须重视课堂教学。教师要通过上课将知识、价值观传授给学生。上课，应该用好多媒体课件并按照教案组织教学。但是，教师在课堂上面对的是一个个有思想的学生，要灵活多样讲授，不能局限于教案。"学生不爱听，老师不好讲"是当下很多高校思想政治理论课老师共同面临的问题。在信息化时代，与思想政治理论课有关的很多知识，学生都可以很方便地获取，还有很多网络课堂可以学习，学生上课的积极性似乎不高。其实，不仅思想政治理论课学生不爱听，据观察上专业课也是一样，教师常常要在提高学生"抬头率"上下功夫。

怎样上课才能让学生喜欢听，或者说上课应该从哪些方面着手，才能够产生好的教学效果呢？在教学实践中，对于怎样上课效果好，也是意见不一，可谓"仁者见仁，智者见智"。在教学实践中，我们可以从以下几方面入手，提高授课水平。

（一）明确目的

各门课程及一门课各章节的教学目的有所不同，教学目的一般包括传授知识、发展智力、培养能力、塑造价值。教学活动要有明确的教学目的，教学目的是上课的"中心"，把课堂教学统领起来，使教师的"教"与学生的"学"有机统一，有的放矢。与其他自然科学课程不同，思想政治理论课教学要解决"为谁培养人、怎样培养人"的问题，在传授科学理论过程中，不是简单地让学生理解教学内容，更重要的是引导学生培育和践行社会主义核心价值观。在教学过程中，一方面要发挥理想信念教育、价值引领作用；另一方面要发挥在学生科学世界观、人生观、价值观和思想道德修养方面的影响力，把科学理论内化于心，外化于行。

（二）内容准确

思想政治理论课有较强的科学性、理论性、针对性，教师一定要准确地讲授理论知识，讲清楚概念、基本理论及理论发展脉络，注意理论的完整性、系统性，在讲解、板书、提问、答疑等方面都要准确熟练地运用理论知识，使学生感受到理论的魅力与价值。注重在历史与现实结合上把握事物发展变化的规律，在理论与实践联系中答疑解难，增强学生理论自信。熟练掌握教学进程，放得开、收得拢，师生互动，有效调动学生听课、回答问题、思考的积极性。"切实提高高校思政课的质量和水平，要率先做好'最先一公里'的转化和进入问题。一方面，要将中国特色社会主义理论体系、党的理论创新最新成果切实转化为各学科的学理，转化为各学科的方法论，转化为思政课教师的话语体系，这三个'转化'至关重要。另一方面，要把握好'进教材、进课堂、进头脑'的核心内涵，使思政课的内容和方法从天上回到人间、从空中回到地上、从文本进入学生心中，内化为学生实践的方向和准则。"

（三）灵活多样

上课效果好，离不开适宜的教学方法。从上课的角度看，内容与方法是相辅相成的，内容决定方法，方法服务内容。教学方法的运用必须符合师生和教学内容的特点、学校现有的教学条件，这样有利于实现教学目的。任何教学方法都有其长处，也有其不足，一切从实际出发，因地制宜选择合理的方法，不能千篇一律。在教学实践中，方法的选择使用力求使教师教学的主导作用和学生学习的主体地位得到凸显，充分调动和发挥教师"教"与学生"学"的积极性，方法是为学生掌握所学内容服务的，方法是否有效也要由学生学习效果来检验。不论使用哪种教学方法，都要有利于激发学生学习兴趣，提高教学亲和力、针对性。

（四）课堂氛围和谐

教学过程中，教师是教学的主体，发挥主导作用，学生是教学的对象和学习的主体，教师就是要彰显自己在教学中的主导作用，激发学生对理论知识的需求，发挥其学习主体地位，形成双向互动的教学氛围。教师上课应声情并茂，深入浅出，旁征博引，动之以情、晓之以理，有吸引力、感染力，引起学生思想共鸣。从教育心理学的角度看，课堂氛围和谐，学生的学习主体地位得到充分"唤醒"，学习积极性较高，大脑皮层处于并保持适度的兴奋状态，就容易接受教师讲课及多媒体课件传递的信息，于不知不觉中受到教育和启发。学生认真听课，注意力集中，能够踊跃回答教师提出的各种问题，更能激发教师教学的主导性。

（五）有效控制教学进程

在课堂上，教师授课是按照课前准备的教案、多媒体课件进行的，教学内容会有相应的时间安排。在调动和发挥学生学习积极性时，要注意把握课堂进度。当然，也可以根据具体的教学情况，对上课进程作出适当的调整，以提高教学效果。教学效果是教学追求的目标之一，良好的教学效果表现在课堂上，就是学生不做与课程学习无关的事，注意力比较集中，认真听讲、做笔记，积极回答问题，能够理解讲课内容。当然，要全面了解学习效果，还需要通过作业、测验、考试做进一步的观察。最终，我们希望实现的教学目的是把所学理论知识，内化于心、外化于行，即能够做到知行合一。

三、课外作业与辅导答疑

布置和批改作业是教学工作的一个辅助环节，是课堂教学活动的延续。其目的在于帮助学生消化课堂所学知识，巩固课堂教学效果，培养运用所学理论知识分析问题、解决问题的能力。作业类型可以分为课内作业、课外作业。内容可以是让学生观看一段视频或电影写观后感，阅读报刊文章、参考书撰写读书心得，就某一社会问题发表自己的看法，回答课后思考题等。

辅导答疑也是教学工作的一个辅助环节，是课堂教学的必要补充。"学而不思则罔，思而不学则殆。"辅导答疑有利于贯彻因材施教的原则，实现教学目标。辅导要解决学生学习过程中的困难和疑问，特别是帮助学生掌握科学的学习方法，提高学习效率。答疑可以分为个别答疑和集体答疑两种形式，教师可以利用QQ、微博、微信、电子信箱等为个别同学解疑释惑，满足学生的求知要求，对于同学们普遍关心的热点、难点问题可以在课堂上集体答疑，也可以为学生提供学习参考资料，让学生学习理解。

四、参观考察

读万卷书、行万里路，是经过千百年教育实践检验而获得的宝贵经验，广为社会各界所熟知。在高校育人工作中，不仅思想政治理论课，而且专业课的教学活动也非常重视实践环节。因此，有计划地组织大学生到社会上参观考察是思想政治理论课教学的重要内容。思想政治理论课教学的鲜明特点是政治性、理论性比较强，课堂讲授偏重科学理论的系统性，理论知识与学生关注的问题联系不够紧密，往往亲和力不够、针对性不强，难以引起学生学习的兴趣。从辩证唯物主义认识论看，人的思想认识往往要经过感性认识上升到理性认识，一个正确认识的获得需要经过由实践到认识，再由认识到实践的多次反复才能实现。科学理论来源于人民群众的伟大实践，中国特色社会主义是改革开放以来中国共产党的全部理论和实践的主题，是中国特色社会主义理论体系形成的深厚土壤。人的正确思想认识形成的科学路径，在于理论与实践相结合，实事求是；在实践中检验和发展真理，才能增强中国特色社会主义道路自信、理论自信、制度自信、文化自信。

五、学业成绩的考查与评定

学业成绩的考查与评定也称为学业成绩的测评或考试，是指教师根据教学大纲、教学目的和任务要求，采取多种方法，对学生学习情况进行全面的审视，了解学生对教学内容领会掌握的程度以及运用所学理论知识解决问题的能力。它是教学工作的检查环节，借此，一方面教师可以了解教学活动的效果，教学重点、难点内容是否为学生所理解，教学方法是否受到学生的认可，以便进一步改进教学工作。另一方面，教师可以对学生进行有效的引导、控制、调解，使之努力完成学习任务，掌握必备的理论知识，调动学习积极性，把知识能力转变为自身的思想道德素质。

当下，思想政治理论课程无论是采用考查还是考试的方式都比较偏重于测试学生对教材知识体系的掌握情况，但是在检验学生能否运用所学理论知识解决实际问题的能力，是否形成正确的价值观、道德观、法制观等方面还存在不足。因为思想政治理论课教学的根本目的是要使学生做到"真学、真懂、真信、真用"，也就是将所学理论知识"内化于心、外化于行"，所以，教师和教学管理部门要从实际出发，探索建立更为有效、科学的学生学业成绩的考查与评定办法，使之更好地发挥对学生学习的导向作用。

第三节　思想政治课教学过程的优化

一、优化思想政治理论课教学的前提

辩证唯物主义认为事物是由矛盾构成的，矛盾有主要矛盾和次要矛盾之分；矛盾可分为主要方面和次要方面；事物的性质是由矛盾的主要方面决定的，矛盾是事物发展的根本动力；矛盾的双方既对立又统一；处于统一体中，矛盾双方力量对比的变化，必然引起事物的发展变化。世界是物质的，物质是运动的，运动是有规律的，规律是可以认识把握的。所谓规律是指事物运动过程中固有的、本质的、必然的联系，它决定着事物发展的必然趋向。高校思想政治工作、教书育人、大学生成长都可以看作一个包含诸多矛盾运动的事物，在各自的矛盾运动过程中，都会表现出一定的规律性，研究这些规律对于做好高校育人工作具有十分重要的指导意义。

（一）遵循思想政治工作规律

"思想政治工作规律是思想政治工作本身所固有的、本质的、必然的联系。其主要规律有：灌输规律，疏导规律，思想政治工作与业务工作相结合的规律，解决思想问题与解决实际问题相结合的规律等。关于思想政治工作的规律，目前说法不一，有待于在实践中作出进一步的概括和总结。"

高度重视思想政治工作是我们党的优良传统和政治优势，是国家软实力的重要体现。我们党在革命、建设、改革实践中，把思想政治工作作为教育群众、团结群众、组织群众、动员群众为实现其自身利益而奋斗的强大思想武器。思想政治工作涉及全社会各行各业，高校思想政治工作既是我国高校的特色，又是我们办好社会主义大学的优势。当今世界的综合国力竞争，说到底是民族素质的竞争。科技是第一生产力，人才是第一资源。教育对提高人民群众的思想道德素质和科学文化素质、发展科学技术、培养各方面人才具有基础性作用。我国要从人口大国变成人才强国，建设"双一流"大学，迈进创新型国家行列，实现从富起来到强起来的历史性跨越。

（二）遵循教书育人规律

高校思想政治理论课教育教学是党的思想政治工作的重要组成部分，是大学生思想政治教育的主渠道，关系为谁培养人、培养什么样的人、怎样培养人这三个根本问题。高校的根本任务是立德树人，思想政治理论课是教育人、培育人的工作。人的教育包括德育、智育、体育、美育等方面，其中，德育为先，教书育人最主要的是育德，也就是要教育学生养成良好的思想品德。德是做人的根本，只有树立科学的理想信念和社会主义核心价值观，系好人生的"第一粒扣子"，学习才有动力，前进才有方向。育德，教师必须在教学活动中遵循教书育人规律。所谓"教书育人规律，是指教育者在培养教育对象成长、发展的过程中，教书和育人固有的、本质的、必然的联系。其中，教书和育人的性质、目的和内容是教书育人的根据和发展变化的基础，是最重要的本质联系"。同其他客观规律一样，人们不能创造、改变或废除教书育人规律，只能发现和认识它，研究怎样利用它更好地为社会主义培养人才服务。一般说来，教书育人规律包括因材施教规律，有教无类规律，身教与言教相统一规律，德育的知、情、意、行相结合的规律，学校、家庭、社会教育相协调规律，第一课堂与第二课堂相结合规律，线上与线下教学相结合规律，人的全面发展的规律等。

（三）遵循大学生成长规律

人才的成长是有规律可循的。古往今来，在历史的长河中，中华民族产生了众多的英雄人物、能工巧匠，为中华民族的进步做出了重要的历史贡献。中国古代著名的思想家、教育家孟子曰："天将降大任于斯人也，必先苦其心志，劳其筋骨，饿其体肤，空乏其身，行拂乱其所为，所以动心忍性，曾益其所不能。"意思是说，一个人的成长不是一帆风顺的，总要经历一番艰苦，甚至险恶环境的历练、磨难，才能成长为一个优秀人才，古今中外概莫能外。

作为受教育的对象，大学生要成为中国特色社会主义事业的建设者和接班人，其成长不是盲目的而是有目的而为之的。大学生成长要受自然规律支配，体现在身体组织器官的发育变化，身体长大成为一个自然人；同时要完成人的社会化进程，成为社会合格的成员，承担社会发展进步的责任。大学生成长过程中各种素质的培养、能力的锻炼不是一蹴而就的，是一个动态持续的过程，成长也是有规律可循的。所谓大学生成长规律是指大学生成长发展过程中各种素质、影响因素之间所固有的、本质的、必然的联系。

二、发挥教师教学的主导作用

教学活动是师生之间复杂的共同的实践认识活动，教与学之间的矛盾是教学过程的主要矛盾，教师与学生是影响和决定教学成效的最根本的因素。因而优化教学过程、提高教学的针对性和亲和力，最终必须体现在教师的教学与学生的学习上，师生主体性的充分彰显，是优化思想政治理论课教学的直接推动力。一是从教师方面看，教师作为教学活动的主体，要积极发挥对教学的主导作用。在教学实践中，教师要坚持"德智体美，以德为先"原则，从立德树人，培养德智体美劳全面发展的社会主义事业建设者和接班人这一教育教学的目标出发，把握教育教学规律，全面了解学生的思想状况，真心关爱学生、理解学生，助力学生成长；善于把教材体系转化为教学体系，有的放矢进行教学，坚持科学的灌输原则，运用灵活多样的教育教学方法、手段，推进马克思主义、毛泽东思想、中国特色社会主义理论体系，进教材、进课堂、进学生头脑，不断提高学生的思想道德素质和法律素质。二是从学生方面看，要注意激发学生的学习动力，满足学生学习需求，培养学生学习的兴趣，变"要我学"为"我要学"。

三、加强课堂管理

思想政治理论课教学的主阵地是课堂，维护正常的教学秩序，营造良好的学习氛围对提高教学效果是非常重要的。有些同学上课不注意听讲，喜欢玩手机，提高"抬头率"是教学面临的现实问题，除了教师要提高教育教学水平和亲和力，还要引导学生增强自律意识，认真听讲，积极思考，双向互动，把学生的心留在课堂上，灵活预防和处理学生课堂上发生的问题行为，根据学生的思想实际，合理安排教学内容与进度，给学生布置适当的作业，以检查学习效果。

第三章　高校思想政治教学体系的构建

大学生思想政治理论课的教学体系是一个理论性和实践性紧密结合的课程体系。教学体系是一个有机的整体，学术界一般从广义、狭义的角度来加以定义。广义的实践教学体系一般指，实践教学中各个要素组成的相互联系、相互制约的有机整体，包括目标、内容、管理、保障、评估等几个子体系。狭义的实践教学体系则是指实践教学的内容体系，即围绕专业人才培养方案，在制定教学计划时，通过合理的课程设置和各个实践教学环节（实验、实习、实训、课程设计、毕业设计、创新制作、社会实践等）的合理配置，建立起来的与理论教学体系相辅相成的教学内容体系。思想政治理论课的实践教学体系既符合实践教学的一般规律，又呈现出思政课独特的内容。这里论述的主要是狭义的思想政治理论课实践教学体系。

第一节　高校思想政治教学体系构建

一、高校思想政治教学体系构建的目标和要求

建立思想政治课程实践教学体系对于思政课的规范开展和全面评价有着重要的意义。高校思想政治理论课实践教学体系构建的目标是指导实践教学开展和评价的重要指标，也只有确立客观、真实的目标价值，才能从容开展实践教学活动，进行实践教学成效的验收。思政理论课实践教学的总目标是培养学生将思想政治理论与实践相结合，培养实践技能，使学生具有较强的理论创新精神，具备运用理论创造性解决实践问题的综合能力，提升相关理论素养并具有可持续发展的潜力。因此，高校思想政治理论课实践教学将以构建知识目标为基本、能力目标为拓展和思想目标为境界三者融合的目标为追求。

（一）教学体系构建的目标

1.实践教学的知识目标

知识传授既是思想政治理论课教学的基本内容，也是实践教学的基础环节，更是培养学生能力目标和思想目标的起点。实践教学的知识目标不同于理论教学对知识、概念、原理等的记忆，更重要的是在社会实践中的深入理解、掌握和运用。在实践教学中，思想政治理论课中属于工具性的知识运用，旨在帮助学生认识问题、解决问题；思想政治理论课中属于常识性的知识，在实践教学中能帮助学生拓展视野，了解常识与常态，对社会大环境有更好地认识和思考。另外，思想政治理论课中的专业知识在实践教学中能将理论进行转化，有助于拓宽学生认识视野，在解决问题时有助于触类旁通。理论在社会实践中往往会遇到一些复杂多样的难题，因此，需要借鉴不同类别的知识进行解读，学会融会贯通。特别是思想政治理论课中理论性很强的问题更需要学生在实践中进行形象认知。

因此，大学生在实践教学过程中可以通过实践操作、现场观摩等方式体验课本中的理论知识，弄清各种知识的来龙去脉。简而言之，就是要通过实践让理论知识在教学过程中还原，让学生切身体会到知识的生成过程。这就需要学生在实践活动中善于运用调查研究的方法，通过接触社会、了解国情和社情，客观进行分析，比对理论，深化对理论的掌握，形成对理论的反思。

2.实践教学的能力目标

在实践教学知识目标之上的是能力目标的实现。高校思想政治理论课实践教学要帮助学生完成从书本到现实，从课内到课外，从理论到实践的发展，使学生通过实践教学可以提高运用马克思主义理论认识分析和解决现实问题的能力，不仅有"鱼"，而且还会"渔"。

在实践教学中将锻炼学生对政治理论的实际应用能力，怎样将理论与社会实际联系起来，用所学的理论解释实际问题、解决实际问题。当然，在实践教学中还能锻炼学生的拓展能力，包括能够终身不断学习的能力。另外，思政理论课的实践教学对学生的综合素质能力的锻炼极为丰富，包括基本公民道德、符合要求的思想政治素质、良好的身体心理素质、遵守职业道德规范等；爱岗、敬业、忠诚、奉献，有强烈的职业责任心，严谨求实的工作作风，遵守职业工作规范、安全规范等职业素质；科学技术发展日新月异，大学生还要具备积极进取精神，以及不断学习钻研新业务的意识。

在实践学习过程中，学生能从一个检验理论到理论创新的飞跃，不仅在实践中对理论潜移默化地掌握，更能在实践中开拓反思与创新的新天地。更广义地讲，学生在实践教学中能接触不同的事物，涉足多方面的领域，学习和掌握一些技术和技巧，并积累一定的实际操作经验，这对培养学生的组织能力、表达能力、辨别能力等都大有裨益。因此，在实践教学中，不仅仅是思想政治理论知识的狭义实践，更是丰富多彩生活的广义实践。

3.实践教学的思想目标

高校思想政治理论课实践教学的终极目标是提升学生的思想境界，培育积极的世界观、人生观和价值观。也就是说，思想政治理论课实践教学要更加凸显"德性培育"，这是思想政治理论课实践教学最为突出的特色目标。因此，高校思想政治理论课绝不仅仅是让大学生接受知识，更为高层次的目标是培育高尚的道德情操，造就良好的德性。因此，实践教学不能仅仅是通过一系列的实践环节还原知识，更多的是要经过实践教学环节，让学生在"绝知此事要躬行"中获得课堂、课本上所无法获得的知识体会。因此，思想政治理论课实践教学更突出对大学生世界观、人生观、价值观的培养。特别是在当前多元文化交叉共存，多元价值观相互影响的新环境下，高校思想政治理论教育对于培养大学生的社会认同、文化坚持和理想信念起到了重要作用。

（二）教学体系构建的要求

高校思想政治理论课实践教学体系的构建离不开理论教学的相辅相成，二者在教学内容上的有机融合、在教学模式上的协调互动、在教学功能上的优势互补，实现理论教学与实践教学的一体化，这是思想政治理论课丰富和发展的必由之路。

1.理论教学与实践教学融合

思想政治理论课的理论教学是通过课堂讲授的形式，向大学生传授马克思主义理论、中国特色社会主义理论体系的知识，培育社会主义核心价值观的过程；实践教学是通过一定的课内课外形式，结合当下社会现实和学生的实际，组织学生体验、参与具体的教学过程，加深学生对马克思主义理论的理解和认知，培养学生观察问题、解决问题的实际能力。

因此，理论教学和实践教学的优化整合则是实现知识与能力的有机结合，所以，在教学内容上二者的有机结合表现在：一是理论教学的内容要得到实践成果的印证。理论教学内容以教材为准，但又不能完全照抄照搬教材，在具体教学过程中需结合当前中国最新的社会现实和学生的实际来展开。课堂讲授中既坚持理论主线，又引用当前大量案例予以印证，既有吸引力，又有说服力。二是实践教学内容坚持科学理论的指导。大学生思想、心理尚未成熟，对社会现实认知能力有限，在参与社会实践时存在一定的盲目性。实践教学内容应紧紧围绕课堂理论教学内容，在科学理论的基础上，选择大学生心存疑惑或有认知误区的教学主题，引导他们带着问题参与实践，在实践中学习运用马克思主义理论认识、分析、解决问题，从而进一步建立对马克思主义理论的正确认知。

2.理论教学与实践教学协调互动

思想政治理论课的理论教学多以课堂教学为主，教师在固定的时间和地点讲授理论观点，这是大学生最熟悉的思想政治理论课课堂，但这样的课堂教学模式下出现的教学效果却又让大学生倍感陌生。而实践教学既有课内实践教学，也有课外实践教学，主要是学生参与体验不同类型的实践活动，将学生变成真正的主体。这种理论教学与实践教学的协调互动是大学生不熟悉，却会喜欢的教学方式。

理论教学与实践教学优化整合带来的是课堂实践教学紧密结合理论教学，以服务于理论教学的有效模式从而激活课堂。传统的课堂上全盘的理论灌输已经被现实淘汰，教师在课堂中根据教学内容组织诸如案例讨论、情景展示、比赛活动等课堂活动，在有限的课堂教学时空里注入动态的教学要素，引导学生积极思考、主动参与，改变课堂的单一和乏味，有利于提高理论教学效果。课外实践教学积极配合理论教学，以换时空、换头脑的方式拓展理论教学。通过建立思想政治理论课实践教学基地，开展校地合作、校企合作，组织各类大学生社会实践活动等形式，将动态实践教学从课内移到课外，带领大学生走向广阔的社会，以活生生的现实和切身体验让理论知识走进大学生的内心，激发学生对现实的观察和反思。

3.理论教学与实践教学互补优势

思想政治理论课理论教学和实践教学各具不同功能，在教学过程中要实现大学生对马克思主义理论学习的"入脑、入心"，需要二者共同发力，形成互补。首先，理论教学与实践教学的动静结合、主体效应能促进大学生对马克思主义基本理论的主动认知，做到对马克思主义理论的真学、真懂。其次，理论教学与实践教学能为大学生提供坚实的马克思主义理论基础与运用于实践的机会和平台。学生通过主动参与、亲身体验，提高马克思主义理论知识的运用能力，在对马克思主义理论的情感认同上，最终实现对马克思主义的理论认同。再次，理论教学与实践教学有机结合，在通过实践对理论的检验、促进之后，形成对马克思主义理论学习的真心喜爱，最终实现对马克思主义的真诚信仰。辩证唯物主义认识论认为，从实践到认识，再实践，再认识，这种循环往复以至无穷的形式是认识的逻辑路径。而思想政治理论课理论教学与实践教学相结合，正是遵从了认识论的这一规律，促进大学生在马克思主义理论学习中从真学、真懂到真用，最终实现真信，树立坚定的马克思主义信仰。

二、教学体系构建的主要内容

习近平总书记在全国高校思想政治工作会议上的讲话指出："教育强则国家强。高等教育发展水平是一个国家发展水平和发展潜力的重要标志。"作为关系高校人才培养的思想政治理论课是通过开展思想教育、党的理论和党性教育、道德教育和法治教育对大学生进行思想引领，对于培育和践行社会主义核心价值观、贯彻落实"四个全面"战略理论，正确认识实现中华民族伟大复兴的历史使命等具有重要的作用，这是关乎高等教育人才培养的重要方面。思政理论课的实践教学体系也需要围绕这个目标进行规范建设。

（一）实践教学思想体系的建设

实践教学的思想体系包括对思想政治理论课实践教学的目标价值、指导思想、基本原则的认识定位，它同样且必须具有丰富而深刻的思想内涵。

第一，实践教学不是为了完成实践教学而进行实践教学，而是与理论教学乃至整个"大思政"的价值目标是一致的，即是为了提高大学生的思想道德水平、政治理论素养和创新能力，培养较高的思想政治素质和较强的职业素质的合格人才，与当前高等教学的整体需求和终极目标是契合的。

第二，实践教学是促使大学生从"知"到"行"的转变，在实践中激发学生学习理论、运用理论和创新理论的积极性、主动性；实践教学不是理论教学的补充，而是与理论教学共同构成思想政治教育的有机内容，是综合评价大学生思想政治教育的完备性、科学性和实效性的重要指标。

第三，实践教学不是且更不能停留在实践操作的层面，它需要在实践中运用理论，并丰富和发展理论，因此实践教学的思想体系与理论教学的思想体系一脉相承，共同服务于大学生的思想政治教育。

因此，从教育主管部门到学校再到每一位教师、学生都需要认识到实践教学的思想性，重视并积极落实实践教学工作。将实践教学的思想性贯穿于实践教学的始终。

（二）实践教学资源体系的建设

实践教学体系的构建必须有一系列教学硬件和软件的提供，才能保障实践教学的顺利开展，这些软件和硬件构成了实践教学体系资源环境。

高素质的思想政治理论课实践教学师资队伍是实践教学体系构建的质量保障。"教师是人类灵魂的工程师，承担着神圣使命。传道者自己首先要明道、信道。高校教师要坚持教育者先受教育，努力成为先进思想文化的传播者、党执政的坚定支持者，更好地担起学生健康成长指导者和引路人的责任。"这是习近平总书记在全国高校思想政治工作会议上对教师提出的要求。教师作为思政理论课改革的实践者，不仅需要全情投入的奉献，更需要破釜沉舟的毅力，在教学理念、模式和实效上用创新激发思政课实践教学的新活力。

近年来，为提高实践教学的效果，建立实践教学的长效机制，实践教学人员在教学活动中从主体走向了主导。实践教师队伍素质的高低直接关系学生实践能力、创新能力培养的好坏。因此，高校要加强思想政治理论课实践教学师资队伍的建设，以适应新的实践教学体系要求。思想政治理论课的老师既需要理论的功夫，又要有实践的经验。所以，高校要抓好"双师型"实践教学师资培养工作。通过各种培训、培养途径，使他们既具备扎实的基础理论知识、较高的教学水平，又具有很强的专业实践能力，将深奥的政治理论落地于当前的政治实际，结合学生的重点关切，才能更好地带领和指导学生开展实践教学工作。

在实践教学过程中，教与学双方地位和角色关系较课堂教学更具有平等性、民主性、互动性，学生不再处在被动的地位和角色，而是主动积极地参与教学活动，更有利于激活学生的主体性，加快学生知行的统一。

（三）实践教学管理体系的建设

思想政治理论课实践教学从总体上讲目前已经得到了普遍的认可，但重点操作层面的不尽如人意。所以，从学校层面，加强对实践教学的管理非常重要。

第一，制定规范化的实践教学管理制度。首先，建立实践教学的总体性制度，规定实践教学课时分配、学分划分、课程开设、机构设置、教学监控、教学考核等。其次，依据总体性制度修订完善各个实践教学环节的管理制度。在完善各个实践教学环节的管理制度时，要注明管理细则，制定可施行的管理标准，以便于对管理中各种违规行为起到约束控制作用。最后，制定实践教学管理文件，包括大纲、计划、课表、指导书等，这些都属于纲领性文件，在教学中起引导作用。这些实践教学管理的纲领性文件由校内和校外专家共同制定，以统筹实践教学的校外、校内管理，确保管理的全面性、科学性。

第二，从校（院）级设立实践教学最高管理者，主要负责学校整体层面的决策、组织、指挥、协调与监督，拟定指导性意见与合适的质量考核标准，负责学校机构内相关人员的任免，对实践教学实行过程控制。教务部门积极配合上级并做好与中间管理层的协调沟通。根据上级做出的重要决策与传达的重要精神，细化并制成具有操作性的管理制度；指导思想政治理论课教学部门拟定好各类实践教学计划，实施方案，协调教学资源在各个院系之间的分配，提高资源利用率优化管理效益；组织专家学者做好对各个院系思想政治理论课实践教学效果的考核，并将信息反馈给学校、思想政治理论课教学部门与各个院系，以便调整实践教学计划，根据考核结果做好激励与惩罚工作。实践教学具体的管理层次是思政理论课教学部门与各院系，负责根据校级层次的决策，结合各专业特点特色，制定各专业的实践教学目标、教学计划及实施方案，并联合实践基地的校外导师对实践教学进行监督、考核。这也是符合思政理论课与"专业学习同向同行"的要求。对于实践教学具体的落实和实施主要由思政理论课教师与各专业的带头人负责，根据上级精神确定本专业各个实践环节的具体实施计划，及时向上级汇报实施情况并经常进行反思、总结。

第三，完善实践教学监控机制，在繁杂琐碎的实践教学管理中，监控可以说是其中的关键一链，通过密切监督教学运行情况可以随时发现问题，从而调整、完善以实现预期目标。实践教学还应当建立实践教学激励机制，改变学校对思政课重视程度不够，实践教学处于边缘地位的现状，为此需要重新调整师生认识，运用恰当的激励措施鼓励师生主动参与实践教学中。

（四）实践教学方法体系的建设

思政理论课实践教学方法是根据实践教学的价值目标进行落实实践教学要求，实现实践教学效果的重要手段，是教学质量的重要保障手段之一。正确、科学、合理的教学方法能够顺利实现教学目的，充分优化教学结构，不断提高教学质量。

高校在思想政治理论课实践教学中应根据实践教学的内容、教学对象和教学环境，充分利用教学条件而能动地进行运用。比如，"马克思主义基本原理概论"课中，运用问题导入性的教学方法在实践教学中具有启发式教学的特点，能充分发挥学生的主体作用，让学生回归实践教学的阵地；又比如，"思想道德修养与法律基础"课程的操作性教学法是实践教学中对理论的反复运用，对方法的反复推敲，落实从"知"到"行"，最终实现真正的"知"。另外，发展性教学法、范例教学法、合作教学法、团队教学法等都是实践教学中经常采用的方法。

需要指出的是，教学方法是不断发展变化的，要积极处理好以下几个关系：教学目的与学生个性的关系、教学内容与教学手段的关系、方法的既定性与教学过程的不确定之间的关系、教学策划与学生认识程度的关系、继承传统优秀教学方法与创新的关系、课堂教学方法与课外教学方法的关系。

教学目的是实践教学体系建构的目标和归宿，教学内容是实践教学体系建构的基础，教学结构是实践教学体系建构的关键，教学方法是达到实效教学目的和效果的途径。当然，以上分析主要是从学校课程教学层面去分析，思想政治理论课实践教学体系还包括思想政治理论课的实践教学基地的积极参与、实验实训基地的建设、政府及相关行业的大力支持以及实践教学理论的不断改进和发展等。

（五）实践教学过程体系的建设

实践教学是一个持续性的教学活动，从实践教学的开始就一直呈现出过程性的特点，从唯物辩证法的角度讲，甚至可以说实践教学是一个没有终点的教学模式，因为从理论到实践，再升华理论，再回归实践是一个循环往复的过程。因此，重视实践教学过程体系的建设是正确把握实践教学的特点，是正确采用实践教学方法的重要依据。

实践教学的过程体系包括以实践教学的目的为指导，从实践教学的整体性出发，制定详尽的实践教学大纲、落实实践教学内容、灵活运用实践教学的方法，层层推进，分步落实，一定要把实践教学作为一个整体性、动态性的内容进行，重视过程性的表现和评价，不能将最终的实践教学结果作为唯一追求的目标和评价的指标，切勿陷入功利主义的陷阱，或者只停留在完成实践教学任务的表面层次上。实践教学的结果固然重要，但实践教学过程中的思考、收获乃至失败都是实践教学的果实，有的教训或不解甚至是激励师生更加深入研究的动力。因此，思想政治理论课的实践教学动态性的特点决定了实践教学的常教常新，这也是思政理论课永葆生机与活力的砝码。

（六）实践教学考核体系的建设

构建思想政治理论课教学评价体系对于高校思政课、高校教师和大学生来说都是极其重要的。它是提高思想政治理论课实践教学实效性，促进教师业务能力提高和大学生综合素质提升的重要途径。

构建实践教学评价体系过程中必须遵循科学的原则，指导实践教学的进行，包括导向性原则、科学性原则、系统性原则、可操作性原则、实效性原则。总的来说，在进行评价的时候，要坚持真理目标和价值目标的统一；阶段目标和终极目标的统一；检验学生对理论的认知、对理论的运用能力和检测学生发现解决新问题、创新理论发展能力的统一。

实践教学评价主体应该多元化，主要由实践教学指导小组、学生、指导教师、同行专家等组成。大学生是思想政治理论课实践教学活动的主体，涉及他们的评价包括三个方面：对教师的评价、自我评价、同学互评。教师是实践教学的组织者和实施者，他们根据评价体系指标，对学生参与实践教学活动的态度、表现及效果等进行综合评定。对教师的教和学生的学进行评价是思想政治理论课实践教学管理部门的重要职责，他们的参加实现了理论教学与实践教学的有机结合。

从宏观的角度看，实践教学评价客体包括主管部门对实践教学的重视程度、资金投入、教材建设和教学手段、教学人员的实践能力和学生实践能力等。从微观的角度看，评价客体则为学生和教师，各自的指标有所不同：对学生评价要坚持知识与能力、过程与方法、情感态度价值观"三维一体"的评价；对教师评价从组织能力、管理水平和业务素质进行评价。

对实践教学活动进行动态跟踪和评价考核可以有效地调控整个思想政治理论教育的过程。首先，实践教学的评价及考核能够为思想政治理论课制定实践教学计划、目标，确定教学内容，选择教学方法等提供客观依据。其次，教学主管部门根据评价考核的结果采取奖励和处罚措施，能够鼓励学生积极参与实践活动，进而对思想政治教育起到引导、调节和推动作用。

构建和完善实践教学评价及考核体系要注意以下几点：第一，实践教学评价及考核体系要具有可操作性；第二，实践教学评价及考核体系能够全面反映学生在实践活动中的表现，并予以客观公正的测评；第三，实践教学评价及考核体系要具有导向性，能够正确地引导学生。

思想政治理论课实践教学的评价体系作为实践教学体系的重要内容具有督导和激励作用，在评价体系的作用下，实践教学的推进将更加有保障，其教学效果也会更加有保障。

三、教学体系构建的思路与方法

以人为本是现代社会一个重要的理念，作为育人工程的高校思想政治教育自然要严格贯彻、体现这一时代理念，切实做到以学生为本。

在当今时代，学生群体出现了多样化趋势，学生学习能力、学习兴趣等方面的差异也日益显现。因此，尊重学生个体差异，满足不同学生群体的学习需求就成了培养应用技术型人才的关键，也是提高实践教学质量、构建完善实践教学体系的保障。因此，高校在构建实践教学体系时，应该全面了解受教育对象的个性、能力差异，并且将这些学生群体按照一定的标准划分为几大类，因材施教。另外，坚持以学生为本原则进行实践教学体系的构建，还要求高校在实践教学中以全面提升学生综合素质为目标，按照学生差异化的需要设计多层次的教学内容，完善教学环节、丰富教学方式方法。

在这样的原则指导下，实践教学体系的构建要紧紧围绕学生的需求进行，将培养学生良好的思想政治素养和提高社会实践能力作为导向，探索一条既按课程类别进行"分层"构建，又按课程目标进行"集中"构建的思路与方法。

（一）"分层"构建

所谓"分层模式"，就是以现有的五门思想政治理论课为基本框架，根据每一门课的特殊性，设计针对性较强的社会实践教学模式，在社会实践的方式、内容等方面突出具体课程的特征。所谓"综合模式"，就是以"毛泽东思想与中国特色社会主义理论体系概论"课程为核心，淡化课程界限，整合教师力量，集中进行社会调查。

比如，"思想道德修养与法律基础"是日常思想行为规范课程，这是思想政治理论课中的基础课程。其实践目标是强化和优化学生的思想道德观念和法律意识。采用"学生实践手册"方式，要求学生实践"五个一"工程：读一本好书，养成一个好习惯，做一次义工，组织一次法庭旁听，召开一次主题班会。"中国近现代史纲要"的实践教学目的是通过对那些具有教育和启迪意义的历史事件或历史人物的了解，以期对学生进行爱国主义教育，可采取"办一份历史小报"和参观革命纪念建筑物的形式。"马克思主义基本原理概论"的实践教学目标是提高学生自觉运用马克思主义的立场、观点和方法理解和分析现实问题的能力。采用朗诵、PPT演讲等多种形式开展"我对马克思主义的认识"的大讨论。

（二）集中构建

毛泽东思想与中国特色社会主义理论体系概论这门课主要讲述马克思主义理论与中国革命和建设实践相结合的理论成果，在"思政课"教学中处于核心地位。学这门课的学生已经进入大学三年级，比较深入、系统地学习了专业课程，掌握了一定的专业技能，对自我有了一定的了解，职业理想越来越清晰，具备了解社会、奉献社会的理性认知，所以，"毛泽东思想与中国特色社会主义理论体系概论"实践课程可以设计两个部分：一是组织学生依托专业知识广泛开展科技文化服务活动，如科技咨询、科技扶贫、法律咨询、理论宣传和创业实践等，把实践教学与专业实习相结合，专业性与思想性相交融，更好地促进学生的全面发展；二是专题调查、走访企业和农村、考察家乡或学校所在地区经济社会发展的历史和现状等，加深学生对中国特色社会主义的认识和理解，坚定大学生立志成才、报效祖国的决心。在组织过程中与学校团组织和学工办联合，安排专门的指导教师，对学生社会实践活动报告进行认真批改，并以优秀、良好、中等、及格和不及格评定成绩，成绩及格（含及格）以上的学生即获得相应学分，每位指导教师从其负责指导和批改的实践报告中按一定比例推荐、参与优秀实践报告评奖。

第二节　高校思想政治教学的组织与管理

高校思想政治理论课实践教学是巩固思想政治理论课的理论教学成果、提高思政教育教学效果的重要途径之一。高校思想政治理论课实践教学是高校思想政治理论课课堂理论教学的拓展、延伸和有益补充，是深化思想政治理论课教学改革、加强针对性、增强说服力、提高实效性的有效途径。近年来，党中央高度重视高校思想政治教育工作和思想政治理论课教学工作，各高校大力推进了高校思政课的实践教学改革，积极探索高校思政课实践教学的新模式、新方法、新途径，并取得了很多成果。但是，从思想政治理论课教学总体上来看，思想政治理论课实践教学仍然是高校人才培养过程中的薄弱环节之一，其中，高校思想政治理论课实践教学的组织与管理是其中的难点问题之一。思想政治理论课实践教学的组织与管理如果能够更加科学和有效，将会极大地促进高校思想政治理论课实践教学的实际开展，将会提高高校思想政治理论课实践教学的实际效果。

一、实践教学的组织

高校思想政治理论课实践教学是高校人才培养中的一项重要系统工程，需要政府、高校、社会齐心合力共同完成。只有充分发挥政府及相关职能部门、部队、群团组织、高校的合力，才能更加有效地开展高校思想政治理论课实践教学。

（一）实践教学组织主体

1.实践教学组织的含义

思想政治理论课通过理论加实践的方式，真正发挥教育作用。为此，各高校应把思想政治理论课实践教学作为人才培养过程中的一项重要工作，把思想政治理论课实践教学真正上升到高校人才培养的整体体系中。由高校校领导及相关职能部门共同建立一个决策和组织管理机构，安排、统筹思想政治理论课实践教学的组织实施、经费保障、计划制订、考核体系等事项，把思想政治理论课实践教学上升到学校总体工作层面来安排和思考。在顶层设计上，高校应当将思想政治理论课实践教学作为对高等学校办学水平和质量的重要评估考核指标，纳入高等学校思想政治教育教学评估体系。不宜将高校思想政治理论课仅仅作为一门简单的课程或一个知识层面的教育而孤立地进行安排。通过在高校的人才培养总体设计、规划中有机加入高校思想政治理论课实践教学的内容，将实践教学纳入高校思想政治理论课实践教学计划，对大学生参加实践教学的目的、任务提出明确的要求。站在更高的层面，从更高的要求来看待高校思想政治理论课实践教学，让高校思想政治教育工作为社会主义事业合格的建设者和接班人的培养和教育真正发挥实效。

2.实践教学组织主体

高校思想政治理论课要由学校党委直接领导，协调校行政负责实施，分管校领导具体负责，并成立相应的领导机构。高校思想政治理论课要由学校党委直接领导，成立学校党委领导的思想政治理论课领导小组，统筹管理思想政治理论课及实践教学，特别是统筹推进实践育人各项工作。思想政治理论课实践教学的领导管理机构应当由高校党委书记任组长，主管学生工作的副书记和主管教学工作的副校长任副组长，学校党委宣传部、教务处、学生处、校团委、马克思主义学院或思想政治理论课教学部负责人为领导小组成员。学校的宣传、教务、人事、财务、科研等党政职能部门和思想政治理论课教学科研机构共同落实好思想政治理论课教育教学、人才培养、学科建设、科研立项、经费保障、社会实践等各方面的政策。小组成员既要有学校党政领导、教育教学专家、学者，又要有工作在一线的思想政治理论课任课教师和为学生服务的各相关部门管理人员，还可以吸收一定数量的学生代表，通过小组成员的专业性和全面性为高校思想政治理论课实践教学的有效开展提供坚实的领导管理机构。

（二）实践教学组织机制

建立了思想政治理论课实践教学的领导管理机构之后，一定要形成齐抓共管的长效工作机制。习近平总书记在全国高校思想政治工作会议上指出：办好我国高等教育，必须坚持党的领导，牢牢掌握党对高校工作的领导权，使高校成为坚持党的领导的坚强阵地。党委要保证高校正确的办学方向，掌握高校思想政治工作的主导权，保证高校始终成为培养社会主义事业建设者和接班人的坚强阵地。各级党委要把高校思想政治工作摆在重要位置，加强领导和指导，形成党委统一领导、各部门各方面齐抓共管的工作格局。这是习近平总书记站在全国的角度对高校思想政治工作提出的要求。针对高校而言，同样需要高校党委高度重视思想政治工作，重视思想政治理论课理论和实践教学，在高校内形成党委统一领导、各部门各方面齐抓共管的工作格局。

（三）思想政治理论课实践教学组织方法

高校思想政治理论课教育教学体系有一定的特殊性，高校思想政治理论课的内容包括了思想道德理念、社会核心价值、行为规范准则、思想政治意识、经济文化生活等诸多方面，还涉及哲学、政治学、经济学、法学、历史学等学科的相关内容。正是由于高校思想政治理论课内容的丰富多样，决定了高校思想政治理论课实践教学组织方法的丰富多样性。在高校具体开展思想政治理论课实践教学过程中，要基于高校思想政治理论课各门课程的具体教学任务和目标，结合目前大学生的思想实际、国际国内形势、本省本地具体情况，充分利用各种实践教学资源来实现教学组织方法的丰富多样性。

1.多样性教学组织

思想政治理论课实践教学在不同的年级可以尝试运用不同的多样性教学组织方法。根据学生的知识储备和实践能力的不同，可以分年级、分阶段、多样化地开展思想政治理论课实践教学。大一新生刚进入大学校门，对学校环境还不熟悉，可主要以课堂或校园为基点开展实践教学活动，如课堂案例教学、主题辩论赛、校内小组讨论等为主要形式的实践教学活动，在既学习课程内容的同时逐渐了解、适应大学生活。各个高校可以根据自身情况进行差异化、多样化的思想政治理论课实践教学安排。有的高校在校内有德育基地、实践教学基地，则可以围绕校内的德育基地、实践教学基地开展大一新生的思想政治理论课实践教学。

2.不同思想政治多样性教学组织

"思想道德修养与法律基础"课程以帮助大学生提高思想道德素质、解决成长成才中遇到的实际问题、增强社会主义法制观念为主要内容，大学生可以通过研究分析身边的具体案例，关注和深入学习大学生群体中发生的典型案例，观看法制节目等方式来了解自身的权利和义务，在日常生活中践行个人行为准则和社会公德。

（四）实践教学组织系统化

1.教学计划

人才培养是高校的重要职能之一，高校的思想政治理论课实践教学要树立"素质本位"的实践教育理念，将思想政治理论课实践活动系统化，制定统一的实践教学大纲，制订统一的教学计划，明确实践教学的目的、要求、内容、方法等。马克思主义强调社会生活在本质上是实践的，实践的观点是马克思主义哲学的首要观点，实践育人是马克思主义实践观在高等教育领域的直接运用。高校的思想政治理论课实践教学体现了马克思主义实践观，其正是高校人才培养职能的充分体现。实践活动课程要列入教学计划和课程表，分配合理的学时和学分。因为只有把思想政治理论课实践教学纳入统一的教学大纲和教学计划，才能进一步避免实践教学过程中的盲目性和随意性，确保实践教学能够像理论教学一样有序进行，提高实践教学的教学质量。

2.教学课程

实践教学课程设置根据思想政治理论课不同门类课程及学生不同年级的特点，可以分为三种主要类型：学科实践活动课程、社会实践活动课程、综合实践活动课程。学科实践活动课程由于思想政治理论课不同门类的学科课程有自己独立的课程体系和要求，而学科实践活动课程正是适应这一特点而设置的。思想政治理论课学科实践活动课程是以思想政治理论课中某一课程的学科基本理论或现象为载体的课程。其主要是通过实践活动，加深大学生对该门具体学科知识的理解和体验，使之由感性认识上升为理性认识，验证理论的科学性，其表现出很强的现实针对性。例如，思想品德修养与法律基础课，既可组织学生参加自律督导组织，巡视并评价校园道德失衡现象，也可组织学生参加模拟法庭或模拟道德法庭活动等。

（五）实践教学资源

开展思想政治理论课实践教学，需要非常丰富的思想政治理论课实践教学资源作为支撑。思想政治理论课实践教学离不开一定的载体，也就是具体的实践教学资源。思想政治理论课实践教学作为课程教学中的重要组成部分，涉及范围广，需要整合实践教学的资源，形成系统性的设计与统筹，才能够真正发挥出思想政治理论课实践教学的育人功能。

1.整体规划思想政治理论课实践教学

目前，主要的五门思想政治理论课都可以开展相应的思想政治理论课实践教学。但是，一定要实现实践教学的统筹安排和统一协调，在组织实践教学时不要各自为政，否则会出现重复内容、重复形式等浪费资源的情况，也不利于日常的思想政治理论课开展，不利于大学生的学习与成长。大学生毕竟是思想政治理论课实践教学的主体，是思想政治理论课实践教学系统中最根本、最重要的因素。高校思想政治理论课实践教学要以大学生为核心，充分考虑大学生的学习实际情况、接受程度、学习效果等因素，整体规划思想政治理论课实践教学，让大学生能够从中有更多的获得感。

思想政治理论课程作为集中体现社会主义意识形态的课程，具有整合各门课程中的思想政治教育因素，使之转化为受教育者思想道德素质，促进受教育者思想道德素质发展的功能。要实现这一重要的功能，仅依靠一门或者几门思想政治理论课程并不能完成任务。从思想政治理论课本身的课程功能来看，需要将思想政治理论课程作为一个整体系统发挥其整体性功能。所以，思想政治理论课的实践教学也应该统一协调，作为一个整体来发挥其应有的教育功能，要从整体上规划设计高校开设的五门思想政治理论课的实践教学。一定要避免思想政治理论课程实践教学的教师各自为政，不要在实践教学的形式上或者内容上出现重复或者冲突、不合理的地方。例如，高校中的社团文化活动、重大庆典活动、纪念性会议都可与思想政治理论课程内容相结合，合理开发其育人功能。不要仅仅将这些活动作为单独存在的活动，而是要整合体现出思想政治理论课实践教学的教学目标。另外，不同专业的专业实习过程也可以发现其中与思想政治理论课程内容相匹配并具有思想政治教育价值的资源，为高校思想政治理论课实践教学所用。

2.充分利用网络资源

互联网具有覆盖范围广、传播速度快、互动性强等特点，在传媒领域发挥着越来越重要的作用，高校思想政治理论课实践教学也无法离开互联网。因此，思想政治教育工作者越来越重视网络阵地，通过互联网传播增加红色资源的宣传力度。通过建设校园网络资源，充分利用互联网传播红色资源所包含的先进文化，使红色资源占领校园文化建设阵地。通过宣传树立网络传播的地位，成为推广校园文化建设的手段。首先，在学校网站中开辟红色资源专题，通过展开红色资源论坛，及时发布各种红色之旅信息，设立红色资源文库，举办知识竞猜问答。其次，牢牢抓住马克思主义理论作为红色资源网络宣传的基础和出发点，主导校园文化的发展方向。最后，通过红色文化的宣传，增强大学生对中华民族的认同感，促使他们自觉自愿地加入宣传红色资源的队伍中来。通过及时在网站上发布国家的重大举措和国内外的实时动态，利用红色文化的向导作用，传播红色资源的同时，促进校园文化建设的有效推进。

3.开拓校外实践教学资源

加强高校与地方、高校与企事业单位的合作，建立多种形式的思想政治理论课实践教学基地。建立思想政治理论课实践教学基地是保证思想政治课教学制度化、规范化、长效化的重要方式，本着合作共建、双向受益的原则，建立形式多样、相对固定的实践教学基地。同时，还要加强对已建成实践基地的管理，以保证基地发挥最大的作用。实践基地的建设与管理可以由政府、地方、高校分别执行，共同建设。各地区、各部门应进一步理顺管理机制，加强内涵建设，提高服务质量，有效发挥实践基地汇聚人才、整合资源、示范辐射的功能。不断创新实践基地的功能，拓展实践的活动领域，力争将实践基地建成大学生实践教育场所和产学研中心。可以在企业中建立大学生实习基地，为应届毕业大学生提供就业前的社会实践场所，提供就业岗位，丰富提高学生的就业能力。思想政治理论课实践教学在今后的高等教育中需要可持续发展，不是开展几年就画上句号的暂时性行为。

4.校内外相结合的教学模式

思想政治理论课实践教学应最大限度地为受教育者参与、接触社会创造条件。校外的思想政治理论课实践教学基地类型多样、种类众多，能够吸引学生开展实践教学。但是，大部分校外实践教学在开展过程中都存在一些弊端，例如，校外的实践教学基地接待能力有限，教学场地有限，能够开展的实践教学方式和安排有限，距离高校比较远，组织大学生赴校外实践基地的成本高、难度大等一系列实际问题。因此，校外实践教学基地固然有其不可忽视的有利因素和优势特色，但是高校也不能完全依靠校外实践教学基地开展思想政治理论课实践教学。毕竟现实的实践教学过程中存在各种各样的实际困难，所以要有校内外相结合的教学模式。将校外实践教学基地的优势和校内实践教学基地的优势结合起来，将校外实践教学基地的劣势和校内实践教学基地的劣势尽量避免，最大限度地利用好实践基地的作用，把校外校内实践教学资源充分利用起来。

二、高校思想政治理论课实践教学的管理

高校思想政治理论课实践教学在帮助学生提升思想政治素质方面具有独特优势，但是要把这种优势发挥得恰到好处，对思想政治理论课实践教学进行合理管理就显得十分必要。上文论述了高校思想政治理论课实践教学的组织，主要是从高校校级层面而言。此处提到的高校思想政治理论课实践教学的管理，主要是从高校马克思主义学院或思想政治理论课教学部的角度来论述。

（一）实践教学管理

高校思想政治理论课实践教学是一项涉及面极广的教学活动，不仅需要思想政治理论课各教研室之间协调彼此的教学活动，加强管理规范，还需要学校各部门的支持和通力合作，这样思想政治理论课实践教学才能得以顺利开展和保证实效。首先，要加强思想政治理论课各教研室之间对实践教学的安排与计划。目前，各高校基本上都是根据五门思想政治理论课设置教研室，各教研室在制定各自课堂实践教学计划的基础上，还应该在充分讨论的基础上制定统一的课外实践教学计划。建议马克思主义学院或思想政治理论课教学部在学期结束前，各教研室在充分讨论的基础上先形成下一学期本教研室的课外实践教学计划方案，马克思主义学院或思想政治理论课教学部再召开由各教研室主任参加的课外实践教学总体规划会议。各教研室根据总体规划再制定本教研室的实践教学详细计划，包括组织者、时间、地点、经费、所需设备、注意事项等。在实际教学过程中，思想政治理论课教师必须严格按照事先制定的计划执行，做好每一次的活动记录和总结。

（二）教学的领导管理体制

思想政治理论课实践教学是一项复杂的系统化工程，不仅需要思想政治理论课教学部门的全员参与，还需要社会、家庭以及学校主管领导的高度重视，以及学校各相关职能部门提供支持，齐心合作。建立高效的领导机制和教学工作机制，能够为实践教学提供强大的组织保障。

1.领导管理体制常态化运作

目前，许多高校存在思想政治理论课实践教学保障机制不健全的现象，导致高校思想政治理论课实践教学收效比较有限的现象存在。不少高校对实践教学环节缺乏足够的重视，每年的实践教学计划都是临时而定，往往受形势左右，难以做到规范化；教学课时的安排存在着流于形式的问题，或者用理论教学的学时占据实践教学，或者只在上级有检查时开展实践教学，应付过检查则不再安排学时；虽然中央文件明确规定学校必须划拨专项经费用于实践教学，但还是有一些高校或者没有设置思想政治理论课实践教学的专项经费，或者减少实践教学的经费开支，缺乏经费保障的实践教学在人、财、物的统一管理和使用上都面临很大的困境；实践基地建设的不稳定也成为制约保障机制发挥作用的重要因素，许多实践基地的教育管理处于非正规状态，活动开展时，校地双方保持联系，一旦活动完成则联系减少甚至中断；考核评价体系能够客观、准确地反映实践教学的效果，但是当前的实践教学依然缺乏对于教师及受教育者进行有效评估，停留于理论知识机械记忆的考核方式。以上问题的存在，反映出高校实践教学组织机构保障机制有待进一步健全。

2.规章制度形成保障机制

思想政治理论课实践教学是一个较为复杂的教学过程，其顺利开展及有效执行需要一套完整的规章制度提供制度保障。当前，部分高校实践教学低效化的一个重要原因是制度设计的缺失或滞后。因此，健全的规章制度和严格的管理是思想政治理论课实践教学规范化、制度化、科学化的有效保障。虽然有些高校积极地探索思想政治理论课实践教学的有效规章制度，然而制度的执行与制度的制定相脱节成为实践教学低效甚至失效的诱因。好的制度制订出来之后，相关管理者和执行者或者缺乏执行的力度，或者采取不执行的对策，在有上级号召或检查时象征性地实施下，而不要求、不检查时就流于形式。思想政治理论课实践教学所特有的教育性、组织性、社会性和参与性等特征决定了实践教学制度安排的灵活性、针对性与可操作性。思想政治理论课实践教学的制度设计包括宏观和微观两个方面。

3.实践教学经费支持保障制度

高校思想政治理论课实践教学经费是教育者和受教育者走出校门实践，实践教学课题研究、实践教学基地建设、实践教学评优评先的必要保障。虽然教育部和相关部门下发过多个文件与通知，要求各高校设立实践教学的专项经费，但是不少高校或者并未设置实践教学的活动经费，或者经费不足，从而出现实践教学经费保障不力的现象。因而，经费的开支和设立已经成为各高校有效开展思想政治理论课实践教学的主要障碍之一。实践教学活动的经费应保证专款专用，同时学校领导和思想政治理论课教学部门可以通过专项拨款获得实践教学的经费，也可以通过与企事业单位共建，与实践教学基地"互惠互利"的原则等筹集到实践教学的部分经费。其使用可以分为几个方面：实践教学活动经费包括思想政治理论课教师的差旅费、社会考察活动经费；组织大学生参观考察、寒暑假实践教学资助经费；实践教学课题研究经费，包括实践教学手册或相关研究论著的出版及印刷费用，实践教学数据资源库的建立和更新经费；实践教学基地建设费用，包括教育者与受教育者的住宿餐饮费用、活动考察经费等。如果缺乏经费保障的实践教学，则在人财物的统一使用和管理上都面临很大的困境。经费支持可以改变实践教学基地建设不稳定的情况，以避免许多实践基地在活动开展时校地双方保持联系，一旦活动完成则联系减少甚至中断的情况。

（三）实践教学的管理模式

高校思想政治教育实践教学是一个系统工程，不是仅依靠思想政治理论课教师、思想政治理论课实践教学指导老师或者马克思主义学院（思政部）就能够实现有效的实践教学管理的。如果实践教学缺乏相应的组织保障和合理的管理模式，面对众多的实践教学对象，单纯依靠数量有限的思想政治理论课教师去指导学生实践，显然是难以组织实施的，难以建立运转灵活的思政课实践教学管理体制的。高校要把思政课实践教学纳入教学管理和行政管理的双重轨道，在管理机制上协调配合，整体育人。

1.建立完善的思想政治理论课实践教学领导机制

应该按照分工协作的原则和工作的需要设立实施机构，建立相应的工作制度，确保活动顺利开展。思想政治理论课实践教学需要学校有关部门加强协调。成立由学校党委书记牵头，主管教学的副校长、教务处、教学督导处、科研处、团委、宣传部、马克思主义学院（思政部）等部门组成的领导小组，对思想政治理论课实践教学总体规划、科学指导和监督，及时解决社会实践活动中的重大问题，出台相应政策，促进社会实践各个环节、各项内容的协调发展，使思想政治理论课实践教学健康有序地进行。

2.建立规范的思想政治理论课实践教学管理机制

领导小组下设办公室，具体实施其管理机制，把思想政治理论课实践教学纳入高校的人才培养方案，落实到教学计划中。对思想政治理论课实践教学的指导思想、方针原则、目标效果、形式要求、方法途径、时间规定、成绩考评、工作量计算、奖励办法、组织领导等有关政策作出明确规定。

3.建立有效的思想政治理论课实践教学指导机制

思想政治理论课实践教学要具有科学性、针对性、实效性，思想政治理论课教师结合思想政治理论课教学大纲实践部分和实践教学的主题，提出若干课题，为学生提供参考和指导，该校思想政治理论课教师还通过课堂教学、举办专题讲座，教育学生提高对实践教学意义的认识，了解实践教学的内容，对实践教学的课题选择、技能要求、调查方法、论文撰写等方面进行培养。

（四）实践教学的相关文档管理与运用

在高校思想政治理论课实践教学的整体过程中，会产生大量的文档资料。对于高校马克思主义学院或思想政治理论课教学部而言，思想政治理论课实践教学的教学档案是产生于教学活动的档案，教学档案管理是院系教学管理工作的重要内容。这些文档资料记载着高校大学生开展思想政治理论课实践教学的过程，记录着大学生参加思想政治理论课实践教学的点滴。其主要内容包括：实践教学大纲、实践教学计划和马克思主义学院或思想政治理论课教学部实践教学工作总结、实践教学任务书、实践教学指导书、学生实践报告、考核表、教师总结、校外实践教学基地简介和协议书等资料。这些教学资料对于高校的日常教学工作和今后的发展而言至关重要。看似平常的教学资料，如果不注意日常的积累和有效保管，日后补充或者重新寻找就需要大量的人力、物力和时间成本。国家非常重视高校的教学工作，教育部的本科教学工作合格评估和水平评估工作中就需要高校准备好日常的各种教学档案。因此，思想政治理论课实践教学的相关文档管理是一项非常重要的工作，它需要一点一滴的累积，需要耐心细致的管理。

1.文档管理存在的问题

第一，管理手段比较落后。在一些高校的日常思想政治理论课教学文档管理过程中，管理手段还比较落后。一些高校对于实践教学的文档管理是相对比较随意的，特别是一些高校的思想政治理论课实践教学档案仍处于教师手工处理的阶段，如果对思想政治理论课实践教学产生的教学档案归档，相关工作人员要对各教研室报送的学生实践教学原始材料做整理，按学号从小到大排序，按照班级编制目录，装订成册、分类、装盒、上架，过程繁复，耗时耗力。随着现代化管理技术和设备的引进，特别是计算机、光盘、大容量存储设备、多媒体等技术的发展为文档管理的现代化提供了良好的客观环境。

第二，思想政治理论课实践教学相关档案保存手段陈旧。虽然思想政治理论课实践教学档案大都属于短期保存类，但是随着很多高校院系教学规模的扩大，或者多校区的教学运转，仅仅历届学生提交的实践教学报告等原始教学档案材料就堆积如山，如何有效地保管这些教学文件和资料也是让管理者非常头痛的问题。以往传统的文档管理方式均是收集整理后存放在马克思主义学院或思政部的资料室、档案室，或者存放在学校教务处的相关资料室内。但是，随着高校大学生参与实践教学的人数增加，随着思想政治理论课实践教学的细致深入，可以预见思想政治理论课实践教学过程中产生的相关纸质教学文档越来越多，其存放和保管逐渐成为一个较难解决的现实问题。

第三，对思想政治理论课实践教学档案的开发和利用不足。由于马克思主义学院或思想政治理论课教学部作为高校的二级单位，其教学管理人员普遍比较紧张，对于很多高校而言，思想政治理论课实践教学档案的管理工作一般没有专人进行有效管理。传统的纸质档案查询、使用过程手续烦琐，兼职或临时参与此项工作的工作人员很难有大量的时间和精力用于此项工作。海量的教学原始档案因此被束之高阁，无人问津。这些教学资料通过不同的视角和需要，还有着比较重要的再利用价值。但是其自身的价值无法有效利用起来。依据目前的科技水平，高校思想政治理论课实践教学的各种纸质资料只有通过电子化保存的方式，才能真正实现实践教学资源的价值和使用价值。电子化保存的实践教学资料能够为今后思想政治理论课实践教学的发展和科研提供有效的支撑，能够为今后思想政治理论课实践教学科研提供有效的原始数据和资料支持。

2.建立电子档案管理制度

高校应该由上至下建立起统一的电子档案管理制度，统一规范电子档案的制作、收集和归档的方法、程序、时效等内容，定期整理、分类归档、专人负责、妥善保管，避免因机构改革、个人工作岗位调整、所用计算机更换、工作移交过程中的疏漏等原因引起的电子档案历史资料的遗散，确保思想政治理论课实践教学的各项历史档案资料的完整。在信息化的时代，思政课实践教学的相关文档也必然要进入数字化发展阶段，以数字化采集技术为手段，以档案业务管理系统为依托，向实践教学档案电子化管理发展将是必然趋势。因此，高校要增强做好电子档案管理的责任感和紧迫感。

3.建立电子档案应用共享平台

高校可以尝试建立电子档案应用共享平台，可以在校园内部局域网服务器上开辟专区，为马克思主义学院或思想政治理论课教学部建立档案目录，目录下按发生时间存放思想政治理论课实践教学的相关电子档案资料。共享平台按级次设置查访权限，以供今后的教学科研工作者自行查询所需资料，促进整体工作效率的全面提高。或者可以依托网络、计算机等专业，开发一套网络管理平台。在该平台的各项功能模块中，尝试实现思想政治理论课实践教学文档管理一体化的需求。

4.积极培养实践教学电子档案管理技术人员

一是要吸纳专业人才充实马克思主义学院或思想政治理论课教学部的人员队伍，如计算机专业人才的加入，对此类人才可以经过短期专业培训就基本能够达到对思想政治理论课实践教学电子档案管理工作的需要。此外还有专业的档案管理人才的加入。很多高校的马克思主义学院或者思想政治理论课教学部的人员队伍构成中比较缺乏专业的档案管理人才，特别是掌握电子档案管理技术的人才。档案工作的重要性毋庸置疑，无论是思想政治理论课的理论教学还是实践教学，都会产生大量的教学档案需要及时进行整理和归档，做好保存保管和再利用。这项工作质量的提升需要比较专业的档案管理人才完成。

二是加大继续教育投入，对与思想政治理论课实践教学档案管理工作有关人员，进行比较系统的后续档案管理基础知识、计算机知识、数字通信技术培训，使他们掌握电子档案管理的基本知识技能，解决思想政治理论课实践教学电子档案管理人才缺乏的现状。对于高等学校而言，给所有的马克思主义学院或者思想政治理论课教学部都配齐计算机专业人才和档案管理人才是不太切合目前的高校实际的。

5.及时做好硬件设备的更新维护

由于计算机不断地升级、更新、换代，对所有的思想政治理论课实践教学电子档案来讲，它在形成时所依赖的技术往往是已经过时的技术，这是科技进步所带来的必然结果。很多存储设备在五年前、十年前看来是比较先进的存储设备，存储容量也足够，但是随着时代的发展，我们会发现这些设备若干年后变得比较陈旧和落后了，或者其容量根本满足不了当前的工作需求。因此，思想政治理论课实践教学电子档案也要不断地"迁移"和"复制"。同时，还必须对其所依赖的技术及数据结构和相关定义参数等加以保存，或采用其他方法和技术加以转换，防止新技术不能处理旧问题情况的发生。当然，这需要不断持续地投入资金，以保障电子化、数字化保存的实践教学电子档案的设备保持在一个合理的水平之上。高校只有根据自身的不同情况开展此项工作，才能尽量合理和最大限度地实现实践教学电子档案的有效保存、管理和利用。

6.建立思想政治理论课实验室

依托实践教学资源和文档管理设备可以为以后的学生进行社会实践等实践教学提供经验和借鉴。以实验室建设为契机，实现实践教学文档电子化管理。实验室教师负责实验室日常管理、实验教学和电子文档的录入、管理等工作。如今，高校文科实验室的建设已经比较常见，并且取得了一定的成效。高校思想政治理论课的教育教学强化针对性，突出实效性，增强学生的获得感，借助实验室的建立建设，寻求高校思想政治理论课理论教学和实践教学的质量提升也是一个不错的突破口。高校思想政治理论课是培养中国特色社会主义接班人的重要方法，肩负着理论武装、价值引领、立德树人的重大使命。长期以来，如何加强思想政治理论课的亲和力与针对性，激发大学生的学习兴趣，提高他们的课堂参与度，以说理代替说教，用润物无声代替"满堂漫灌"是该课程教学所面临的重大课题。

当然，思想政治理论课实验室的建立非常具有挑战性。建立思想政治理论课实验室是作为高校思想政治教育重要组成部分的社会实践活动提出的新要求，也是在信息网络技术、虚拟现实技术等高科技推动下思想政治教育新形式、新路径的具体拓展。高校肩负着培养政治立场坚定的社会主义事业的合格建设者和可靠接班人，这既是高校教育质量的核心所在，也是高校思想政治教育工作的重要任务。充分利用高科技和新技术，提升思想政治理论课的吸引力，探索思想政治理论课的教学新手段，不失为一种有益的尝试。但是运用高科技和新技术来提升思想政治理论课理论教学和实践教学对学生的吸引力是一件难度较大的工作，还需要很多高校和相关人员的不断尝试和总结，需要对教学效果进行科学评判和评估。建立思想政治理论课实验室，也能够让思想政治理论课实践教学相关的文档可以比较容易实现电子化保存和再利用。实验室的相关设备和专业人员就可以成为思想政治理论课实践教学相关文档电子化保存的场地和管理人员。可以设想思想政治理论课实验室包括两个子实验室：教师能力发展实验室和学生实践实验室，同时以独立网站为建设载体。

第三节　高校思想政治理论课教学的实施

高校思想政治理论课实践教学的实施是一项系统工程。在这项工程中，大学生、思想政治理论课教师、马克思主义学院（思想政治理论课教学部）、校领导乃至学校各部门的态度和作为情况都将影响思想政治理论课实践教学的运行，决定着思想政治理论课实践教学的实际成效。思想政治理论课实践教学的理念保障、物质条件、运行机制、师资保障等要素都是不可或缺的。而思想政治理论课实践教学的具体设计和实施过程则直接影响高校思想政治理论课实践教学的教学效果和大学生的获得感。

一、教学实施的条件

高校思想政治理论课是具有鲜明的政治教育、政治宣传和思想引导功能的育人课程。思想政治理论课实践教学又是其中非常重要和不可或缺的一个重要环节。思想政治理论课实践教学实施过程中要坚持党的教育方针，贯彻实践育人的理念，坚持社会主义方向，弘扬社会主义核心价值观。让大学生通过多种多样的实践教学形式接受实践教育，就需要相应的实践教学的实施条件。这些条件既包括相应的思想政治理论课实践教学的理念保障，也需要大量的物质资源的支撑。需要科学的、运转流畅的思想政治理论课实践教学运行机制，也需要一支能够指导大学生有效开展实践教学的师资队伍。

（一）教学的理念保障

思想政治理论课实践教学，旨在帮助学生学会做人和提升自身的社会化认知，使大学生形成正确的世界观、人生观和价值观，增强教学的实效性，提高思想政治理论课教学质量。开展思想政治理论课实践教学要树立这样的理念作为开展教学的理念保障。社会实践是大学生思想政治教育的重要环节，对于促进大学生了解社会、了解国情，增长才干、奉献社会，锻炼毅力、培养品格、增强社会责任感具有不可替代的作用。通过实践教学，培养适应知识经济和社会经济发展所需要的具有一定创新精神、创新能力的思想政治素质和科学文化素质都比较高的社会主义事业合格接班人和建设者，以适应时代的发展和社会的进步。思想政治理论课实践教学是为了教师更好地教、学生更好地学、教学活动更好地开展，是为了发挥教师与学生双方的积极性与主动性而进行的活动。在实践教学中，必须始终贯彻"以人为本"的教学思想，坚持面向社会、面向学生、面向实践第一线全方位地为学生的实践教学做好基础和保障工作。

（二）教学的物质条件

1.保证思想政治理论课实践教学的经费投入

高校应当保证相对稳定的思想政治理论课实践教学经费，根据具体情况适当增加投入，这是思想政治理论课实践教学有效开展的必要条件。高校在制定实践教学制度的过程中就应该明确规定思想政治理论课实践教学经费的来源，确保专项专用，以保证思想政治理论课实践教学的进行。思想政治理论课的实践教学与其他大学课程一样需要科学地计划和系统地实施，而不应被边缘化。在培养大学生的思想政治素质以及培养他们的社会责任感和奉献精神等方面，理论课的实践教学具有其他大学课程所不可能与之相比的优势。因此，从应受到的重视程度来讲，应该与其他大学的课程相同。但现实情况诚如有的学者所言：思想政治理论课的实践教学一直处于"说起来重要，做起来次要，忙起来不要"的境况之中。

2.加强思想政治理论课实践教学基地建设

在思想政治理论课实践教学中，实践教学基地起着非常重要的作用。实践教学基地是进行实践教学的重要场所和战略依托。要保证实践教学的规范性与持久性，思想政治理论课应当以实践教学基地为依托。高校应根据思想政治理论课教学内容和人才培养目标的要求，结合学生实际状况和本校当地的现实条件，遵循教育性、典型性和就近性等原则，有针对性地建立起形式多样、设施健全、规范稳定的社会实践教学基地。学校既可以利用自身资源优势自主投资建设一些与教学内容联系紧密的稳定教学场所，也可以结合本地特色，与政府有关部门或企事业单位相关部门合作共建部分实践基地，还可以与企事业单位协商，直接将学校学生选派到该单位实践锻炼。学校在借助企事业单位及社会各类实践资源促进人才培养的同时，应当坚持资源共享、合作共建、互惠双赢的原则，尽量减少接收单位的压力和负担，把帮助企业解决实际问题，促进企业发展作为实践活动的目的之一。企业也应该增强社会责任感，转变用人观念，努力构建科学合理的管理机制，以开放的姿态接纳大学生参与企业实践活动中来，为大学生提供更多展现和锻炼自己能力的平台。

为了确保实践教学的有效开展就必须增加投入，建立多样化的思想政治理论课实践教学基地。成都工业学院一直在努力实现此目标，尽力使实践教学制度化、长久化。建立稳定的思想政治理论课实践教学基地，确保思想政治理论课实践教学切实有效开展。为使思想政治理论课实践教学更富有实效性，成都工业学院致力于实践教育教学基地的规划和建设，将校内外的教育资源整合起来，充分发挥各类实践教学基地在思想政治理论课教育教学中的作用。根据思想政治理论课实践教学的教学内容和社会的需要，有针对性地建立起形式多样的实践基地。

（三）思想政治理论课实践教学的具体运行机制

思想政治理论课实践教学应当形成一个相对稳定而科学的运行机制，这样才能让思想政治理论课实践教学发挥最大的教育功能。通过近年来我国各高校思想政治理论课实践教学的现状来看，全员化、规范化、系统化的理论课的实践教学运行机制能够让大学生都成为最大的受益者，能够使他们主动参与，亲身体验，主动探究和发现现实生活中的问题，并运用所学理论研究和解决问题，在社会实践的过程中解决具体问题，坚定理想信念，不断完善自我。因此，构建一个完善的理论课实践教学的运行机制十分重要。

由于我国高等教育中重理论轻实践的教学理念影响深远，重专业课知识、轻公共理论课的现象仍普遍存在。再加上受思想政治理论课实践教学实施时间短、经费紧张、场地不足等客观条件的限制，使得各高校在主观上对实践教学认识不清、计划中缺乏系统的安排、操作流于形式的现象比较严重。社会实践活动是思想政治理论课实践教学的重要方面，每一名学生都应该参与其中。但多年来，许多高校的社会实践活动只是少数学生党员和学生干部参加的、在假期集中进行的短期性和阶段性的活动，大多数学生没有机会参加。常常是学生骨干队伍的实践活动开展得轰轰烈烈，实践报告也写得有模有样，但大部分学生的社会实践却没有实际进展。这样不能达到理论课教学的基本目的与基本要求，而且大多处于无教学计划、无教学大纲、无时间保障的状态中，随意性较大，目的性不强，导致学生既不能获得在时间上的量的积累，又难以形成思想上质的飞跃，对学生良好素质的形成不能起到应有的作用。成都工业学院近年尝试实施"全员实践教学"的思想政治理论课实践教学运行机制。将实践教学纳入思想政治理论课教学计划，积极组织教师开展社会实践和学习考察活动，不断提高教师实践课教学水平，充分发挥实践课教育教学功能。在教务处支持下根据本科教学的需要，制定并实施了思想政治理论课实践教学实施方案，指导本科生顺利完成了暑期社会实践工作。

（四）思想政治理论课实践教学的师资保障

师资队伍的好坏，决定了高校开展思想政治理论课实践教学建设与改革的成功。高校一定要高度重视思想政治理论课实践教学队伍的日常建设和发展，通过相关政策和各种激励措施，真正建设好思想政治理论课实践教学的师资队伍，为实践教学的开展和大学生的成长成才提供有力支撑。从学历、职称、专业、年龄等方面综合考虑，形成一支科学、协调的实践教学师资队伍。

1.建设高水平的思想政治理论课实践教学队伍

思想政治理论课实践教学要由相应的教学队伍来组织完成，因此，思想政治理论课实践教学水平的提高，首先要重视这支教学队伍的水平提升。如果很多实践教学的教师自身缺乏社会实践经历，缺乏相应的学习思考，很难对大学生的实践教学进行有效指导。所以，要指导大学生参加社会实践，进行实践教学，教师必须具备较强的社会实践能力和比较丰富的社会实践经验。其次，高校应该充分重视思想政治理论课实践教学教师的个人实践能力的提升，利用好思想政治理论课教学科研专项经费，科学安排、有效组织，有计划和有目标地组织思想政治理论课实践教学教师进行充分的社会实践、学习考察，让教师真正增强个人在实践教学方面的各种能力，这样才能更好地指导学生，才能更好地开展实践教学。还要不断增强思想政治理论课实践教学教师的指导能力培训。

思想政治理论课教师要坚持先培训后上岗，要着力提高新任教师适应岗位要求、胜任本职工作的能力。开展思想政治理论课实践教学，对教师的指导能力要求高，高校需要不断增强实践教学教师的指导能力，加大培训力度和深度，提高教师的实践育人水平。目前，各级各类的思想政治理论课培训中，实践教学方面的内容还很少，应该适当增加思想政治理论课实践教学方面的指导培训。高校马克思主义学院或思想政治理论课教学部也要积极开展实践教学方面的指导培训。既可以由本校或者外校的具有实践教学指导经验的教师来进行培训，还可以由社会科学研究方法课的教师来进行培训。通过这些培训，促进指导教师的能力提升，促进实践教学教师的交流，真正提升思想政治理论课实践教学水平。

2.尝试建立专兼职结合的思想政治理论课实践教学队伍

实践教学教师队伍如果仅仅依靠思政课教师，则过于局限。实践教学还可以依靠高校及企业、科研机构等很多方面的人员为其师资支撑。以"大思政"的视角审视实践教学，我们就需要构建"大思政"教学队伍。思想政治理论课实践教学是一项系统工程，应该建立起一支以党政干部、共青团干部、思想政治理论课教师为主，高校辅导员、专业课教师、社会各界有关人士广泛参加的实践教学师资队伍。

高校辅导员是一支重要的兼职实践教学队伍。高校辅导员在承担思想政治理论课实践教学方面有更了解学生、组织管理能力更强的优势，这无疑有助于提高思想政治理论课实践教学的针对性、全员性。辅导员承担思想政治理论课实践教学，无论是在提升思想政治理论课教学的实效性，还是在推动辅导员队伍发展方面都能产生积极效应。思政课教师和辅导员是开展高校思想政治工作的两支主要力量，是高校开展思想政治工作的主要队伍。这两支队伍在高校思想政治工作中的系统整合还有很多可以改进和完善的方面。科学整合高校思政课教师和辅导员两支队伍，整体推进思政工作队伍建设，能够形成有效合力，在思想政治理论课实践教学中发挥积极作用。高校辅导员开展大学生思想政治教育工作，同样需要提升个人的教学和科研能力。而辅导员的教学科研能力可以借助思政课兼职教师的身份进行提高。高校可以鼓励符合相应条件的辅导员担任思政课实践教学兼职教师，这样既为辅导员提高自身的教学科研能力提供了发展平台，也为思政课教师队伍发展提供了后备力量。一些高校辅导员科研的方向是大学生思政教育，而担任思政课实践教学兼职教师正好可以给辅导员的科研助力。高校可以鼓励辅导员并给予制度支持，高校辅导员要能够担任思政课实践教学教师，要提高思政教学和科研水平。高校可以通过一定的学校制度安排，给予高校年轻的辅导员一定的教学科研平台，在日常的培养培训过程中，让更多的辅导员能够接受马克思主义理论的专业培训，让两支队伍融合、交流、共同培养。

二、实践教学的设计

（一）做好顶层设计和教学计划、教学大纲

人才培养是高等学校重要的职能之一，而思想政治理论课对于中国特色社会主义高等教育而言具有特殊的意义。我们国家的高等教育兴办的是社会主义大学，社会主义大学培养的是中国特色社会主义合格建设者和接班人。也就是说，我国高校的人才培养职能的发挥有着非常明确的社会主义方向。因此，高等学校要充分认识到思想政治理论课实践教学的重要性，把思想政治理论课实践教学纳入高校人才培养的总体方案中，加强领导，统筹安排。

高校思想政治工作是一个系统工程，要求各门课程、各类教师相互配合。这需要除了思想政治理论课程之外的所有高校课程同向同行，既要发挥思想政治理论课课堂教学在大学生思想政治教育中的主渠道作用，又要充分发掘综合素养课程、哲学社会科学课程、自然科学课程的思想政治教育资源，使各门课程与思想政治理论课同向同行；既要重视辅导员、班主任这支思想政治教育的骨干力量，又要调动思想政治理论课教师、专业课教师等参与日常思想政治工作的积极性，真正体现全员育人的教育理念。在我国，高校培养社会主义事业的合格建设者和接班人，这是高校人才培养职能发挥中的重要内容。而思想政治理论课的理论教学和实践教学则是高校坚持社会主义办学方向、培养社会主义事业人才的重要环节。因此，高校要充分认识思想政治理论课的重要性，而且思想政治理论课的理论教学已经得到高度重视，实践教学的重要性还没有真正得到高等学校的重视。

（二）突出实效性和针对性

思想政治理论课实践教学的实施中应当注意实效性和针对性。实效性就是指思想政治理论课实践教学实施过程中要遵循教学客观规律，把思想政治理论知识学习和实践运用结合起来，让转变学生的思想和解决实际问题结合起来，达到思想政治理论课实践教学实际效果的最大化。针对性和实效性紧密相关，高校思想

政治理论课实践教学应当在思想政治理论知识指导下让大学生有具体目标和具体指向地进行实践。

思想政治理论课教育要让大学生全面掌握马克思主义的基本原理和立场、观点、方法，不断提高大学生的思想觉悟和政治理论素质，培养合格的社会主义事业建设者和接班人。因此，思想政治理论课本身就与其他知识类、技能类课程教学存在着根本性的差别。思想政治理论课强调的不仅仅只是思想政治理论知识和技能的传授，还要将科学理论内化为大学生的自身信念与修养，实现其思想上的升华。这种知识理论的内化过程需要有实践的依托。有了实践才有内化科学理论的途径和场所。实践教学的内容、形式等要与大学生所学习的具体课程相结合，根据各门思想政治理论课的具体特点及教育任务，设计有针对性的、个性化的实践教学内容和形式。要和大学生的本专业、高校的定位及所在区域的特点相结合，充分利用高校所在区域的各种社会资源。真正激发大学生的参与热情和兴趣，调动大学生主动进行思想政治理论课实践教学的热情，积极参加各式各类的实践教学，让大学生从自己熟悉的领域去感知实践教学给自己带来的收获和感悟，让思想政治理论课实践教学真正变得鲜活起来。

（三）教师指导结合学生自主实践

在思想政治理论课实践教学中，以指导教师为主的教学模式是比较常见的。其实在实践教学过程中，指导教师可以根据课程中的重点难点以及学生所关心的热点问题给出主题，指导学生利用课余时间查阅资料、调研调查并将自己得出的结论进行宣讲。鼓励学生自主实践，这种教学方法避免了简单说教，让学生成为课堂的主角。许多原本枯燥难懂的专业问题、理论话题在学生自我研读的过程中被更好地理解、消化，教学效果较单纯讲授好得多。还可以让大学生进行团队组建，开展实践。组织大学生以宿舍、班级、党团支部、社团等为单位，围绕主体或课题形成跨专业、跨年级的实践团队。每支团队需制定详细的实践计划，并聘请一位指导教师，经课题组审核通过后进入实践环节。大学生还可以根据社会热点、重点问题，制定题目，由教师进行把关。教师根据学生所关心的、感兴趣的问题，有针对性地制定实践教学方案，确定实践教学方案后，大学生要组成实践教学团队，选定负责人，教师给予全程指导，最终学生通过老师的指导，小组的调研、讨论等方式形成实践教学任务报告。思想政治理论课作为我国高校德育教育的主渠道、主阵地，反映了社会主义意识形态特征，这就决定了它必须遵循理论与实践相统一这一马克思主义的基本原则。因此，思想政治理论课的实践观是其首要的基本观点，思想政治理论课教育目标的实现，归根到底是学生"知、情、意、信、行"的和谐统一，落脚点在学生的行为上。让学生自主开展实践，把高校思想政治理论课的课堂教学与实践教学有机结合起来，在课堂理论灌输和启迪的基础上，让学生带着课堂上的问题，自主去参加各种方式的、丰富多彩的、带有实践性的教学活动，通过亲身感受和体验来印证马克思主义基本理论的正确性和指导性。只有学生在日常生活中能把课堂上所学到的社会要求、道德准则、行为规范等以自觉的行为表现出来，并具有某种程度上的稳定性，掌握了一定的自我教育的能力和社会生活的能力，我们的道德教育才算"达标"。

（四）形式与内容的结合

思想政治理论课实践教学的实施过程中要注意形式与内容的结合。实践教学的形式可以多样化，通过多种有效形式开展。实践教学形式一般是指在实践教学中借助各种教育技术手段和环境条件，激励学生主动参加，积极参与实践并进行探索和创造，从而实现实践教学的内容，达到提升大学生思想政治素质与理论修养的教学方法、措施等。

形式与内容的结合，即学生在教师的指导下，紧密结合教学内容，根据各自的兴趣、爱好和特点，从所学学科或跨学科领域选择和确定论文独立地进行资料收集、整理、分析和归纳，并在研究过程中主动地获取知识、应用知识、解决问题、接受教育的一种教学方法，是以写论文报告等实践活动为重要途径。教师对于实践论文报告应及时批阅和点评，对于优秀的作品可以让学生在课堂上演示、交流。辩论，即教师将某些社会现象问题设为辩题，分成正反方组织论辩，说明彼此对事物问题的见解，揭露对方的矛盾，从而得出正确认识的一种方法。操作时不照搬辩论赛模式，自由辩论由全体同学参与。

（五）校内实践与校外实践

思想政治理论课教学涉及全校的学生，人数众多，还涉及经费的问题，所以要采取灵活的方式组织实践教学活动，要校内实践与校外实践结合起来。校内实践与校外实践相结合的模式具有可操作性，又能让每个学生的积极性和主动性调动起来。校内实践，即统一组织学生进行校园内实践教学，明确实践教学的场所和实践的内容，由教师带领整个班级集体进行的一项实践教学活动。社会实践具有直接性、生动性的特点，相比较理论教学而言，会更让学生喜欢。社会实践对于促进大学生了解国情、民情，增强社会责任感有重要的作用。通过校内的参观考察，由教师结合思想政治理论课，充分利用校内教育资源，组织学生参观校内的实践教育基地、校史馆、图书馆、档案馆等场地，然后由学生完成参观的感想和体会等。

思想政治理论课实践教学重在让学生关注社会、走向社会、了解社会，开阔眼界，进一步锤炼思想、提高认识。与此同时，也应该利用了解社会的机会对学生进行提高服务社会能力的训练，也就是要把了解社会与服务社会有机地结合起来。只有这样，才能使学生真切地体会到社会生活，在社会实践中真正形成劳动观念、群众观点、集体主义观点。因此，校外实践则可以更加丰富，通过思想政治理论课实践教学教师的组织，让大学生参观博物馆、纪念馆、革命烈士馆、监狱、法庭、大型国有企业、社会实践基地、贫困地区以及改革开放的前沿地区等，然后要求学生完成参观的感想和体会等。

（六）部分人员实践与全员实践

思想政治理论课实践教学实施过程中，大学生的全员参与、全员实践是高校开展思想政治理论课实践教学的应有之义。但是在高校开展思想政治理论课实践教学的进程中，部分人员的实践成为一种过渡性、暂时性的选择。因为很多高校没有条件或者需要实践教学更加科学合理之后才能实现全员参与的实践教学；部分高校由于对实践教学的组织还没有形成科学化、系统化的体系，面对思想政治理论课实践教学需要教育的数量众多的大学生，因为经费的有限，时间的有限，只由部分大学生参与实践教学活动，以部分人员参与取代全员参与；还没有实现实践教学的过程和结果惠及所有大学生。每一位大学生在党的教育事业面前都是平等的，教育也应该让每一个人平等地接受教育、提高自我。因此，思想政治理论课实践教学的部分人员实践只能是高校的暂时性选择、过渡性政策，从实践教学本意来看，全员参与的实践教学才是真正的实践教学。

（七）过程与结果并重

高校思想政治理论课实践教学实施过程中，组织者、管理者要高度重视实践教学开展中的过程与结果并重。实践教学是相对于理论教学而言的，应该是在教师的指导下，采取实践的方法，使学生亲身参与各种活动，学生通过眼、耳、手、身等感官亲自参与和感受客观世界，学到课堂上难以获取的东西。这样的实践教学实施过程，其过程本就十分重要，因此，实践教学的实施过程和结果都要得到教育者的重视。

三、教学的具体实施

开展高校思想政治理论课实践教学是马克思主义理论与实践相结合的必然要求，同时也是引导大学生积极投身社会实践，提高大学生思想道德素质的必要途径。让大学生在"做中学"，即大学生从经验和实践中学，对提高思想政治教育的教育效果作用重大。思想政治理论课实践教学的管理重在落实，包括健全的组织机构，充足的物质及经费保障，有力的实践教学机构，思想政治理论课实践教学实施方案、教学大纲、学生手册、评价体系等方面的制定和具体的课时、学分、指导老师的落实等。下面就思想政治理论课实践教学的具体实施过程进行简要论述。

（一）实践教学布置、动员、宣传

在大学生开始进行思想政治理论课的具体社会实践之前，十分有必要将思想政治理论课实践教学的相关内容向大学生进行一次详细的布置、动员和宣传。大学生的社会实践活动需要理论上的指导，需要具体开展思想政治理论课实践教学的教师给予详尽的指导。这样能够保证大学生在开展思想政治理论课的社会实践时能够有的放矢，保证正确的方向，也为大学生答疑解惑，解答很多具体的细节问题。

（二）实践教学实施准备工作

1.为大学生提供社会实践的前期指导

教师应当熟悉思想政治理论课的基本原理和内容，为大学生提供有效的前期指导。例如，实践方向的确定、具体实践内容的指导、理论的支撑、具体社会实践题目的选择等等。思想政治理论课实践教学本就是教师根据和结合思想政治理论课的基本内容，密切联系社会实际和学生实际，通过有目的、有计划的各种社会实践活动，不断提高学生思想觉悟和认识能力，磨炼意志，使学生从思想上和行为上强化思想认识，提高政治素养的教学活动。有的高校组织的社会实践，需要在平时设计跟学校所在城市或者社区需求相关的活动项目，给学生能利用空余时间参与这种社会实践的机会。可以参照美国、新加坡等国的社区服务计划；学校和社区签订相应的合作框架协议，让学生到社区中去，参与社区服务；例如儿童看护、老人陪伴、读书活动、普法宣传、法律援助、医疗咨询、环境知识宣传等。这些活动对学校的要求是，首先要确保社区的这些服务是公益性的，不是以某些机构盈利为目的而设置的项目，要能够保护学生参与的积极性。

2.强化大学生在社会实践前的诚信意识

一定要在大学生开展思想政治理论课实践教学前不断强化大学生的诚信意识。要让大学生在完成社会实践和撰写社会实践调查报告前，明确了解学校的有关规定，恪守学术规范，告诫大学生一定要在个人完成社会实践的基础上认真并独立地完成社会实践调查报告。调查报告所使用的相关资料、数据、观点等内容要真实可靠，所有引用他人的观点和材料、数据、图表等要注释并标明来源。教导大学生撰写社会实践报告不得抄袭、剽窃他人的成果，既可以在社会实践前让学生签订社会实践调查报告诚信承诺书，明确内容，告诫学生，也可以在调查报告完成、定稿时由学生自行签订。

3.要树立大学生的安全意识

在正式开展思想政治理论课的社会实践之前，一定要强调整个社会实践过程中的安全问题，做到防患于未然，杜绝安全事故的发生。大学生在开展社会实践活动的过程中，一定要严格遵守国家的法律、法规，尊重各民族的风俗习惯，自觉遵守实践单位的各项规章制度，特别是保密、操作规程和劳动纪律等方面的制度。在大学生开展社会实践期间，高度重视自身的人身和财产安全，在实践过程中避免违纪违法行为和安全事故的发生。要注重大学生的礼仪礼节，礼貌待人，体现出当代大学生应有的素质。要对准备进行社会实践的单位、所在地区的情况有一定了解，对可能存在的风险和安全问题有清楚的了解。建议为大学生购买人身意外伤害保险，建议在开展社会实践活动前让学生签订社会实践安全承诺书。

（三）实践教学实施过程中的检查、督促、指导

在思想政治理论课实践教学教师对各自所指导的班级进行前期的相关准备工作和召开动员大会后，教师要重点就大学生参加实践教学的目的及意义、学分学时、方式方法和安全教育实施过程中的检查、督促与指导进行讲解。由于社会实践开展形式的多样化，地域的多元化，教师无法详细跟踪每一位大学生的社会实践情况。在现有条件下，教师也无法亲自参加到几十位、上百位大学生的社会实践过程中去。因此，在思想政治理论课实践教学实施过程中，教师更多的是从远程监控、远程督查和远程指导的角度对大学生进行实践教学实施过程的把控。教师要尽量保证电话的畅通，也要提醒大学生尽量保证电话的畅通，以保证能够及时有效地联系。

此外，思想政治理论课实践教学教师要与大学生所在班级的班主任、辅导员保持有效的长期沟通与交流。大学生的社会实践过程需要与班主任、辅导员形成互通有无的联络机制。班主任和辅导员与本班的学生联系更多，对本班学生的情况非常熟悉，因此，社会实践过程中一定要重视发挥班主任和辅导员的积极作用，通过与班主任、辅导员的共同合作来完成好大学生的社会实践活动。

（四）实践教学成功案例的教育功能发挥

思想政治理论课实践教学实施后，一定会出现大量的学生社会实践成果。面对这些社会实践成果，高校思想政治理论课实践教学教师要有保留、保管并发挥其教育功能的意识。大学生的思维是活跃的，是多元化的，是新鲜的，通过思想政治理论课实践教学的具体实施，结合大学生各自社会实践的具体内容，会产生一些优秀的、成功的实践教学案例。这些案例要做好相关的归档工作，有侧重、有意识地把一些具有较强的教育功能的学生社会实践作品保留下来。一方面是为学校提供一批宝贵的教育教学过程中的成果记载，另一方面也为以后的大学生提供教育和学习的资料。

第四章 高校思想政治课程教学改革

第一节 高校思想政治课程教学原则

一、坚持以人为本

（一）坚持人本原则的意义

坚持人本原则就是坚持贴近主体之一的受教育者群体。大量具有重复性的精准社会调查均证明，现如今我国青年学生的政治素养和思想教育水平总体来说较为良好。他们在日常生活和学习中思想活跃、拥护中国共产党、热爱祖国，并在社会和学校的双重影响下成长为对中国道路、理论、制度、文化等方面充满自信的社会中坚力量，并且坚信社会主义现代化伟大蓝图和中华民族伟大复兴的壮阔目标能够实现。而作为思想政治教育理论传播载体的高校如果不能够深刻认识到贴近青年学生，彻底了解他们思想变动历程的重要性，那就只能被认为是进行"灌输式"的填鸭教育。教师应更进一步地与学生沟通交流，运用全新的教育教学方法去了解青年群体的思想症结、心理诉求，将自己置身于青年学子的群体中去，才能在生活和学习中与他们进行更好的交流和沟通，达到教育双方的相互理解和支持。

（二）坚持人本原则的途径

1.实现教育者与受教育者双主体地位

首先，要尊重教育者的主体地位。在思想政治教育中，教师扮演了一个举足轻重的角色，虽然在大学阶段众多学生生理上已经成年，他们朝气蓬勃，勇敢上进，但与此同时他们同样也是一个意志力较为薄弱的群体，世界观、人生观、价值观还未完全扩充完整。如果没有教师正确和合理的引导，很容易在意识形态上产生偏差，进而对个人甚至学校和社会产生严重的负面影响。高校思想政治教育就是，要发挥出教师的引导作用，充分了解学生的成长环境及人生经历，尊重其个体的独立与个性，将理论方法逐步以学生所能接受的方式进行德育教育。其次，也要尊重学生作为主体之一所产生的不可忽略的作用。思想政治教育工作者必须让学生意识到自己的主体作用，使其产生强烈的主体意识，在日常学习和生活的交流中逐步培养起学生的自觉学习态度，真正做到心中有律，行动有规。只有达成教育者与被教育者双主体地位的共识，才可以让思想教育理论不断地得到创新与发展，加强思想政治教育在现实生活中的实践作用，使主体之一的受教育者成为我国社会主义现代化建设的中坚力量。

2. 坚持科技背景与教育方法创新的完美融合

现今是大数据人工智能的时代，各种科学技术层出不穷。思想政治教育作为教育体系中极为重要的一环同样也需要跟上时代潮流，利用科学技术是相对教学方法的创新与发展。先进教育必须更注重培养能力，但是能力必须与自身知识体系结合在一起才能发挥更大效用。所以努力做到知识与能力的结合才能在科技时代实现科技与教育的创新发展。要想让思想政治教育的实效性得到提升，教育者一定要将自己置身于科技发展水平不断推进的历史发展进程中，做到因势而新。正确认识我国与西方发达国家之间的差异，全面地、客观地认识当代中国的教育环境，并与国际接轨，不断提升自身教育的质量与水平。

3. 关注学生的身心特点

人是独立的个体在社会实践生活中形成的区别于他人的特质，新时代高校大学生的显著个性主要表现为精力旺盛、个性鲜明，思维观念多样且多变。这要求我们在教育过程中应当尊重高校大学生的成长规律，把握他们的思想实际和身心特点，拒绝千篇一律，做到因人而异，因材施教，理解尊重学生的个性差异，包容看待存在特殊情况的个体，针对不同主体的不同情形对高校大学生进行有区别、有分类的教育工作，为高校大学生个性的充分自由发展提供空间。运用学生喜欢的合理方式进行教育，让他们真切感受到被尊重，进而培育健康、积极的人格。譬如，学校可以借助多种网络新途径整合线上线下相关的教育资源，运用各式各样的、契合学生思想实际的形式，激发青年学生强烈的思想共鸣，使其自主将所学内容内化为价值观念，外化为切实行动，提升教育效果。

4. 加强高校立德树人教育环境的基础建设

科学文化知识与人文情怀精神是高校区别于其他教育传播载体的关键所在，校园文化环境无论是对教师还是对学生都会产生极为重要的影响。首先，要把师德师风建设放在首要位置，教师不仅是专业知识的教授者，同样也是道德教化的传播者，师风师德建设是高校立德树人教育环境基础建设最重要的一环。这要求高校教师不仅要有高学历，还要具备高尚品德，只有这样才能对学生产生积极正面的影响，对整个高校环境起到至关重要的作用。其次，是必须把马克思主义的指导作用放在首位，以科学性和革命性统一的马克思主义指导思想为主体，根据受教育者的需要开展丰富多彩、创新十足的校园文化活动，具体切实地贯彻理论上有指导、实践中有规范。最后，要在校园网络平台中坚持宣扬立德树人理念，将高校人本原则的思想政治教育方法和观念合理植入学生群体心中，让他们从内心产生强烈的认同感和荣誉感，并且以自身行动积极维护校园文化环境的创建。

5.引导受教育者个人完整人格的塑造与发展

人本原则的基础环节就是受教育者作为独立个体的完整人格塑造与发展。高校教育的价值所在是源源不断地向社会输送高素质、高文化的人才。面对激烈的社会竞争，高校思想政治教育人本原则的重要症结就在于，怎么样才能在校园环境内实现受教育者完整人格的健全发展。现今社会，不仅要求青年学子有更高的文化素养、科学素养，更要求其作为社会中的一个独立个体，有其完整人格的具体展现和政治态度的积极方向。高校思想政治教育就是在人本原则之下，使青年学子自信、自立、自强，不断引导和发展他们成为整个社会的优良建设者，且能在飞速发展的社会环境下做出积极应对以保证自己不被社会淘汰，还能为社会的发展、国家的富强做出贡献。只有这样才能实现自己的人生价值，在面对未来世界挑战的时候才能够做到从容不迫。在我国的教育体系中，高校思想政治教育是非常重要的组成部分，只有在高校思想政治教育工作中坚持人本原则，将"一个主体"的观念彻底打破，充分尊重教师在教学引导上的主体作用，充分认识学生在树立正确的世界观、人生观、价值观，为整个社会奉献青年力量的主体作用，培养教师在教学中的主动创新性和学生在学习过程中的主动接受性，在科学的马克思主义理论引领下，才能真正实现中华民族的伟大复兴。

二、坚持把好方向

新时代高校大学生的思想受社会关系和社会环境的影响程度不容小觑，尤其是在自媒体环境下，各种网络信息围绕在高校大学生周围且快速散播，各方面的因素都影响着他们正确价值观的形成，而且人的思想也具有可塑性，这就需要我们在发现问题时及时做好思想政治教育工作。但事实上，让思想政治教育的内容完全走进学生的头脑中并不是一件容易的事，高校思想政治工作者应从"心"出发，从培养学生政治认同、思想认同和情感认同三个层次推进认知认同教育，由浅入深、逐渐升华，通过培养学生的光荣感、使命感和坚定学生理想信念的方式确保思想政治教育工作方向准确，让学生正确的思想观念得以养成。

（一）加强政治认同教育

政治标准是毛泽东对青年一代教育的首位标准，他认为业务再好的人才如果政治上不过关也不是合格的人才，他在不同的场合多次强调过这点。例如，"没有正确的政治观点，就等于没有灵魂"。

现阶段，高校大学生政治认同最重要、最核心的一点是对中国特色社会主义道路、理论和制度的认同，并且当前整体状况是积极良性的。但由于高校大学生思维活跃，政治敏锐性较强，在入学、就业、自身权利保障和家庭利益诉求等方面可能会对现状不满意。并且，受不可逆转的经济全球化浪潮的影响，中国社会整体进入了信息化阶段，已逐步形成多元思想文化碰撞的格局，生活在当下信息泛滥的环境中，各种没有经过过滤和甄别的信息充斥学生们的现实生活当中，而高校大学生们对政治价值和政治规范的认知尚且不足，因而容易导致他们的政治认同与信仰产生动摇。针对这种情况，如果对高校大学生缺乏准确及时的教育引导，定会对个人甚至国家造成巨大损失。

（二）提升思想认同意识

思想是行动的先导，认同是践行的前提。一种思想、理论被群众认可即可能产生巨大的力量，从而转化为人们的思想观念，对人们的行为产生实质性的影响。思想认同，是在思想认识层面，根植于人们内心，建立在对当代马克思主义特别是习近平新时代中国特色社会主义思想理性认知、准确把握的基础之上的彻底认同，让学生做思想上的"清醒人"。

但新时代的高校大学生价值观多样多元，受复杂环境的影响，他们的价值观念和思想行为受到不同程度的干扰。因此，用新思想武装高校大学生，开展有效的思想认同教育，提升新思想的号召力、说服力、亲和力和覆盖面将成为有效地解决这一时代课题重要的一环。

（三）促进情感认同融入

帮助高校大学生健康成长，以及为国家培养可靠的社会主义事业接班人是高校教育的职责所在。但在实际教育实践的过程中，由于思想政治理论课与其他课程教育不同，它本身无法像其他课程一样进行客观尺度的量化评定，社会对其衡量度还不深入完善，因而学生自己也不够重视。而我们又不能光靠对抽象理论的空洞说教和僵硬的制度约束来改变这一现象，因为对高校大学生进行思想政治教育是一个需要注入情感的过程，一旦获得情感认同就能根据思想政治教育的要求去规范约束其思想和行为。

因此，加强情感认同的整合，充分调动学生的积极情感因素，通过"情感"搭建高校大学生和高校教师之间的桥梁是明智之举。触动学生内心深处最朴素、最柔软的地方，使其增强对教育内容和主要手段的认同度，激发同理心，必要时还可"投其所好"，让学生自觉自发地认同马克思关于未来世界的美好设想，以及我们党的路线、方针、政策。因此，高校思想政治教育不应是一律共性地强制灌输和考核，应遵从学生个性化的成长规律，充分考虑每个学生的道德认知和情感需求，努力实现在心理情感方面与之产生共鸣，使学生听之可信，信之能行，行之有效。

三、坚持实事求是

思想政治教育重点是做人的工作，受家庭、学校和社会等各方面因素的影响，新时代的高校大学生的成长发展呈现出崭新的特点。这就要求教育者在教育过程中不能千篇一律，毫无生气，而应切实遵循高校大学生成长规律，时刻关注学生的思想实际和身心特点，注重人性关怀，了解学生的成长需要，并让学生从思想政治教育中有所进步，增强受教获得感。

（一）思想政治教育必须适应我国社会发展的客观实际

群众作为社会的主人，其本质是一切社会关系的总和。因此，群众个体所拥有的社会关系及社会意识等因素，不仅会对群众思想的变化发展产生影响，而且还会对其起到制约的作用。思想政治教育对于群众个体与群体的思想转化都要加以重视，并且要重视社会风气及舆论能够起到的作用。这就要求，思想政治教育出发点与立足点一定是社会发展的实际，以及群众的思想问题现状。不仅应该将群众看成一个整体，在相同的起点上进行教育，更应该对千差万别的群众思想问题深入细致地进行研究，并对其加以有效地解决。这样一来，就能够让理论与实践紧密地联系起来，让思想政治教育本身的针对性及有效性得到增强。要想对群众思想发展变化的规律有准确的了解与掌握，就只能与实际紧密贴合，做好与之相关的调查研究工作，让思想政治教育的针对性、系统性及创造性不断得到增强。

（二）用求实原则指导高校"全员育人"

首先，高校要以实事求是为原则，进一步完善思想政治教育的领导与制度，把求实原则贯彻到思想政治教育教学及日常的工作中，不仅应该反对所有的形式主义作风，也要反对任何形式的弄虚作假，进而促进思想政治教育的领导与制度的完善，提高高校思想政治教育工作的有效性。

其次，高校思想政治教育工作应该依靠全体教职工，而不能仅仅依靠思想政治理论课教师或专业课教师。提升高校全体教职工的育人意识，要以实事求是为原则，充分考虑高校教职工的人群特点。一方面，要选择合适的载体，利用各种现代化科技手段提升高校教职工的育人意识；另一方面，高校要以实事求是为原则对全校教职工的思想态势进行调研，通过对他们思想现状的准确把握，有针对性地提高他们的育人意识。

最后，在求实原则的指导下进行高校校园文化建设。一方面，高校要以求实原则提升校园物质文化水平，提升校园形象与风貌，对和谐的校园文化氛围进行营造，使学生在潜移默化中接受文化教育；另一方面，高校要以求实原则提升校园精神文化水平，经常开展校园实践活动，从而让学生的综合素质得到提高。

四、坚持全面发展

（一）人的个性的自由发展

个性自由发展主要指：第一，潜能的充分发挥。人的个性和能力是受社会物质生活条件以及具体的阶级关系所制约和决定的。在通常情况下，人们所表现出来的能力只是他所有潜在能力的部分。马克思、恩格斯认为，人的全面发展的内容之一，就是要发挥每个人身上所具有的潜能。第二，肉体和心理的完善。它要求有健康的体魄和心理，尤其是心理方面的完善。因为在很多情况下，健康的心理影响着健康的体魄，心理的完善是表明人的发展的主要标志。第三，人的需要的相对丰富。人的发展的内在根据就是人的需要的不断丰富。第四，丰富、全面而深刻的感觉，主要是指现有的物质生活条件赋予人们内在的感受。第五，精神生活的境界，即个性的自由发挥。尤其需要指出的是，虽然马克思、恩格斯所讲的人的全面发展包括人的需要、能力、社会关系和个性的全面发展，但主要强调的则是人的能力的全面发展。他们指出，任何人的职责、使命、任务就是全面地发展自己的一切能力。

马克思主义经典作家经常把"自由发展"和"全面发展"联系起来，称之为"每个人的全面而自由的发展"或"自由的全面发展"。在马克思看来，人的全面发展必须是人的自由发展，必须是人的全部才能的"自由发展"，必须是人的"自由个性"的全面发展。

（二）人的类特性的应有发展

这里的类特性，主要是指人的自由自觉的创造性活动。人的类特性的应有发展，在内容和性质上是指人的创造性活动能力与人的主体性的充分发挥和发展。但是在资本主义条件下，工人阶级沦为机器的附庸，劳动成为他们简单的、被动的谋生手段，劳动的形式势必是贫乏的、单一的。长此下去，虽然社会现代化进程在发展，但个人除了失去其行为中的更大社会和宇宙视野，还失去了某种重要的东西。人的全面发展，主要内容应该包括劳动形式的丰富和完整，个人活动相应地充分达到丰富性、完整性和可变动性。这不仅是社会进步的要求，同时，人按其必然性来讲，也应当且必须实现其类特性。

（三）人的充分发展

人的全面发展是与社会发展的历史阶段相适应的，"充分发展"体现了人的一种发展程度。由于社会实践和历史条件的制约，人对自然、社会和自身的认识要经历一个不断发展的过程，因而人的发展要经过若干历史阶段。马克思论述了人的发展的三种形态：起初完全是自然发生的"最初的社会形态"，在这种形态下，"人的生产能力只是在狭隘的范围内和孤立的地点上发展着"，个人没有独立性，直接依附于共同体；以物的依赖性为基础，人在这种形态下，"形成普遍的社会物质变换，全面的关系，多方面的需求，以及全面的能力的体系"，实现了人对"人的依赖关系"的转换；"建立个人全面发展和他们共同的生产能力成为他们的社会财富这一基础上的自由个性，是第三个阶段"。人们将在自觉、丰富、全面的社会关系中获得自由、全面的发展，成为具有自由个性的人。

（四）人的社会特性的和谐发展

人的社会特性的和谐发展主要包括：第一，个人和一切人的和谐发展。第二，个人和集体的和谐发展。农业社会讲的集体是整体主义，是某种"虚幻"的集体，这种集体不把个人当人看，而在自由人联合体当中，所讲的集体则是尊重个人自由和能力的真实的集体。第三，个人和他人的和谐发展。个人主义曾经被冠以现代文明的最高成就，因为人们可以不再受某些秩序等超越其上的东西的压抑，可以自由选择他所认为有价值的生活方式和生活状态，可以有权利决定自己的信仰，反叛先辈们的生活道路。其缺陷则在于抛弃了社会的公共准则，只重视自我的眼前利益，只把自己看作主体，把他人看作客体。马克思、恩格斯认为，人的社会特性的和谐发展则强调个人与他人的和谐发展。第四，个人自身内部各个方面的和谐发展，主要包括生理、道德和能力等各个方面的和谐发展。

第二节 高校思想政治课程教学现状

一、课程体系的构成及作用

高校课程体系由目标要素、内容要素和过程要素三大部分构成，其作用也就此被决定。

首先，在人才培养方面具有指向性作用。诚如其内涵的目标要素，课程体系关于人才培养目标的设定，内在确定了培养方向，是各个专业显示区分度的首要标志。以化学教育和化学工程两个专业为例，在人才培养定位上，化学教育侧重大学或者中学师资力量培养，化学工程则侧重化工类人才队伍的培养。所以，两者的课程体系在培养目标上的差异，就决定了培养方向的差异。

其次，课程体系在人才培养方面具有规定性作用。规定性是由指向性衍生而来，方向不一致，培养路径、培养方法、培养内容显然就会有所差别。其中内涵的内容要素具有决定性，所以，我们习惯称呼的专业人才是由不同的培养内容决定的。

最后，课程体系在人才培养方面也具有引领性作用。课程体系往往先于教学体系设定。也就是说，某一个专业及其相关人才培养的计划一旦制订，首先必须规范课程体系，如果时代变化，课程体系一成不变，那么就失去了专业人才培养的社会意义，该专业也就走到了被淘汰的边缘。反之，如果课程体系因时而变，顺应社会发展现实，以社会需要作为课程体系优化完善的依据，那么从这个意义上，课程体系就具有引领性作用。

二、课程教学面临的疑难问题

（一）高校大学生对思想政治课程价值的认识存在误区

高校大学生对高校思想政治课程价值的认识存在误区，是造成高校大学生不太认同此课程的内在原因和根本原因。而造成他们对此课程价值产生错误认识的原因又是多方面的，主要表现在以下三个方面。

第一，高校大学生的心智和能力有待提高。高校思想政治课程是一门综合性、理论性、思辨性较强的，强调自主分析问题、有效解决问题的学科，它需要高校大学生具备比较完善的知识结构、较强的辩证思维和逻辑分析能力，拥有一定的社会阅历和较强的心理素质。而当代高校大学生的以上能力因种种不良因素的影响有待提高：其一，大部分高校大学生来自独生子女家庭，从小学到高中，生活上都是由父母精心安排，学习上由学校、老师给予教科书式的计划，这在一定程度上造成了他们的心智不够成熟，自主学习能力和学习的主动性欠缺，分析、认识和判断新事物的能力匮乏；其二，中学阶段的他们为了顺利升学，而把绝大部分时间用在学习上，致使他们很少接触社会，造成其生活阅历较浅；其三，由于中高考制度的弊端，使得他们的专业课学习几乎占据着全部的学习时间，很少去学习其他方面的知识，从而造成他们的知识结构不够完善；等等。以上因素容易使部分高校大学生因觉得此课程抽象难懂，而失去学习的兴趣和动力。长此以往，就会使他们因体验不到这门课的作用而对其价值形成错误的认识。

第二，不良环境的冲击。一方面，不良社会现象和网络的负面影响。当前我国市场经济在不断推进和快速发展，但其相关法律法规却比较滞后和不完善，使社会上出现了诸如贫富差距加大、人情冷漠等不良现象；网络具有双面性，尤其是对于作为新一代"弄潮儿"，正确的价值观念和较强的价值判断能力又尚未形成的高校大学生来说更是如此。网络上的虚幻性、理想性遮蔽了生活酸甜苦辣的真面目，网络向青年高校大学生描绘的部分生活蓝图里没有艰苦奋斗，只有本该如此；没有泪流满面，只有欢声笑语；没有规律，只有巧合。这些不良现象和"网络生活蓝图"与高校思想政治课程的许多观点是背道而驰的，这就使得处于正确"三观"形成时期的高校大学生，错误地认为高校思想政治课程是不可信和无用的，从而对此课程的价值产生错误的认识。另一方面，功利主义的侵蚀。随着我国改革开放水平的不断提高、经济全球化的进一步加强，一些不良思想和观念侵蚀着高校大学生的思想，误导着高校大学生的价值取向，使得部分高校大学生逐渐形成了实用主义的判断标准和功利主义的价值取向。再加上，我国严峻的就业形势和用人单位片面强调专业技能而忽视思想道德素质的用人标准，使部分高校大学生把关注自身未来生存状态和如何更好地就业放在首位，而把为早日实现中国梦和共产主义理想而奋斗视为空洞无用的说教，他们判断一门课程是否有用的标准是能否为自身未来的就业增添砝码，在他们看来高校思想政治课程是属于不能直接为他们未来就业服务的课程，是无用的。

（二）思想政治教学主体的变化

我国思想政治教学的主体现今正处于一个变革的过程之中。尊师重道是我国教育的传统形式，从我国古代延续至今的传统观念决定了教师地位与学生地位的不平等性特点。在新时代的教育和社会新的要求促使下，我国逐步由教师主体向学生主体转变。教师如何开展教学，如何认识学生、对待学生？这都要体现学生的主体性原则。学生不仅仅应该是学习的受体，更应该作为发挥主观能动性的主体。在思想政治教学积极倡导以学生为主体的大背景下，各学校积极开发新的教学模式以改革取代旧的教师主导的教学模式。"翻转课堂""微课"教学、"慕课"教学等都得到积极地运用。其中就存在一个"度"的问题。思想政治教学内容的特性、教学科目的特点、学生年龄特点、学习能力等决定了应该使其有针对性地进行改进式发展，而不应该盲目仓促开展新的教学模式。

（三）高校思想政治课程教师的综合素质有待提高

第一，职业使命感有待提升。专业认同感和专业理想信念是此课程教师爱岗敬业的重要精神支柱，然而现实生活中，一部分教师因对此课程的价值和作用认识不到位，而只把自己所从事的该课程教学看作是谋生手段或一份工作，认为只需要按部就班地完成学校、学院安排的教学任务即可；同时，部分教师因自身的共产主义理想信念不够坚定，而对自己以前所学专业和课堂上所讲内容不信服，这在一定程度上影响着他们的教学热情和动力。缺乏专业认同感和专业理想信念的教师是不可能把高校思想政治课程教学作为一项神圣的事业去追求，从而产生自豪感和使命感的。

第二，理论素养有待加强。高校思想政治课程不仅具有特殊的功能属性，还具有学术性，需要此课程教师能够对一些专业问题做出观点鲜明、有说服力的解读，以增强个人学术魅力，这就要求此课程教师要具备较高的专业知识素养。同时，高校思想政治课程又是一门综合性较强的学科，涉及哲学、经济学和法学等学科知识，这就要求高校思想政治课程教师不仅要有较好的专业理论素养，还要具备完善的知识结构和敏锐的观察能力，保障其能够站在理论研究的前沿和社会现实的角度，准确地为学生分析、解答一些复杂的社会现象和问题，彰显自身学识魅力，进而增强高校大学生对高校思想政治课程的学习欲望。然而，现实中部分高校思想政治课程教师存在着专业理论素养不够高、知识结构不够完善、科研能力不足，以及观察、分析问题能力不够强等问题，这就造成他们在面对一些艰涩难懂的马克思主义理论专业问题和复杂的社会现实问题时，显得不知所措，无法做出令学生信服的解读和耳目一新、准确合理的独到性见解，无法激起高校大学生的学习兴趣。

第三，教材体系转化为教学体系的能力有待提升。高校思想政治课程教材体系向教学体系的转化，需要教师具备能根据教材体系组织好授课语言、科学整合教材内容和合理重塑授课内容等能力。但现实中部分高校思想政治课程教师，特别是资历较浅的教师的这些能力却有待提高。首先，语言艺术有待提高。高校思想政治课程教师要能将晦涩难懂且带有浓厚政治色彩的教材书面语言进行加工，并通过通俗化、幽默诙谐的教学语言表达出来，从而让高校大学生更容易理解和接受，然而现实中部分高校思想政治课程教师只是照本宣科，照读教材或PPT，这样不仅不利于高校大学生理解教材内容，也容易触发他们的抵触情绪，从而影响课程的教学效果。其次，整合教材内容的能力有待提升。一方面，高校思想政治课程的内容丰富、理论众多、信息量大，在仅有的上课时间里，教师不可能做到面面俱到。另一方面，高校思想政治课程的内容在纵向上，与中小学阶段的思想政治理论课有重复；同时在横向上，高校思想政治课程内部的不同课程之间也有重复的地方，虽然它们有所侧重，但事实上内容的重复性会客观地削弱高校大学生的学习热情，这就需要高校思想政治课程教师在结合教学大纲，对此课程教材体系内容整体把握和高校大学生已有知识水平的情况下，对教材内容有所取舍和侧重，准确把握教学重点。然而，现实中有部分教师分不清教材内容主次，在教学中"平均用力"，在有限的课时内为完成教学任务而采取单项式的教学模式和满堂灌的教学方法，忽视了高校大学生的接受能力和课堂效果，严重影响了教学实效性。

第四，重塑教材内容的能力有待加强。高校思想政治课程的理论性、逻辑性较强且较为枯燥，不容易引起高校大学生的学习兴趣和被其理解，这就需要高校思想政治课程教师将教材内容与现实生活相结合，把高校大学生在日常生活中能体验到、接触到的东西或问题融入教学实践中，使高校大学生觉得教材上的高深理论离自己并不遥远，进而产生熟悉感和亲近感，这样更容易被高校大学生接受。然而，现实中部分高校思想政治课程教师的这种能力却有待加强，影响着高校思想政治课程的教学效果。

（四）教育对象思想杂化

首先，高校大学生缺乏对思想政治科学理论的真实信仰。根据调查结果显示，大部分学生表示自己对高校思想政治课持积极主动的态度，但由于我国高校的教育体制，以及国家选拔类考试大多倾向于应试教育，因而呈现出重智轻德的现象。学生所表现出来的对思想政治教育积极的学习态度，绝大多数是应付考试或修学分，并非发自内心地接受思想政治教育知识，也并非真正信仰思想政治相关科学理论。由于教学模式和教学方法单一枯燥，与实际联系不紧密，造成了学生对思想政治教育相关科学理论产生"不实用"的心理暗示。加之信仰对象多样及家庭环境的影响，高校大学生甚至出现宗教信仰，以及伪科学等封建迷信的思想行为。

其次，高校大学生缺失高层次的理想信念。随着改革开放的不断深入，社会的利益格局出现了深刻变革，人们对于自身利益的追求更为迫切。这是特定历史条件下社会发展的必然结果。值得注意的是，高校大学生由于思辨能力和知识储备有限，受社会环境的驱使，更多地将自身利益局限于个人的物质利益，将自身的发展游离于国家和民族利益之外，抛弃了对高尚理想信念的追求。高校大学生实现职业理想的目的是追求更好的自身利益和自身发展，这仅是低层次的自我理想，而并非为社会主义事业的建设贡献力量的伟大追求。

最后，高校大学生价值观存在偏差。当前，部分高校大学生受西方思潮而产生了享乐主义、个人主义等负面思想，以及在社会主义市场经济影响下而产生的功利主义、利己主义等思想，这些与我国所推崇的优良传统精神形成对立，并展开了对高校大学生思想激烈的争夺战。部分高校大学生受多元化价值观和思想的影响，出现了奢侈浪费、攀比心理等价值观问题，导致校园借贷惨剧屡发不止；也有部分学生作为学生干部"官僚气息"过重，思想腐化，为学生服务意识较弱。

（五）高校思想政治课程的教学改革有待深化

第一，教材体系有待完善，教材内容编写的科学性有待提升。高校思想政治课程的内容丰富、理论性和逻辑性较强，高校大学生要想全面、准确地理解、掌握教材知识，仅靠课堂上教师的讲解是远远不能满足其需求的，需要相应的辅助教材进行指导。除此之外，目前高校思想政治课程教材体系中有关实践教学方面的指导用书还较少，制约着实践教学的有序、有效开展。另一方面，教材内容编写的科学性有待提升。现有的教材过于强调相关内容的逻辑性和系统性，未能及时将新时期市场经济和社会中出现的众多热点问题融入教材中，致使教材内容的时代性有待提高。即使有时高校思想政治课程教师在课堂上会涉及这些热点问题，但他们的相关分析和解读缺乏权威性。除此之外，教材内容编写的贴近性有待加强。高校思想政治课程是以讲授马克思主义理论、党和国家历史、国家路线方针政策和学生思想道德培育等理论知识为主要内容的，不仅理论性较强、内容较为枯燥，而且其内容又不可避免地带有政治色彩。而当代高校大学生又具有强烈的叛逆心理，再加上他们的认知能力有限，暂未意识到高校思想政治课程对其自身发展的积极影响。在这种情况下，如果教材内容编写不能较好地结合社会现实和高校大学生生活实际，容易让其因觉得高校思想政治课程"假、大、空"而产生抵触情绪，影响教学效果。同时，当代高校大学生的自我意识强烈，比较关注与切身利益相关的问题，这就要求在编写教材时要充分考虑高校大学生的现实需求，着重帮助其有效地解决他们所关心和觉得困惑的现实问题，如就业问题、不良社会现象等。

第二，教学方式方法运用的科学性有待提高。教学方式方法的选择和运用极大地影响着教学效果，多样的教学方法、新颖的教学方式可以吸引高校大学生的注意力，让他们更好地融入学习中去。当代高校大学生有思想活跃、民主意识强烈和追求标新立异的特点，需要多样的教学方式方法来激发他们的学习兴趣。但当前有些高校思想政治课程教师因受"重说教，轻养成；重理论，轻实践"的传统教育观念的影响，使得他们按部就班地采取高校大学生最厌烦的"教师唱独角戏""一支粉笔、一本书"等老式、枯燥的教学方式方法，而不去尝试更加科学、突显主体性和符合高校大学生身心特点的教学方式方法，如互动式和探究式教学方法等。除此之外，高校思想政治课程教师不够重视实践教学方法或使用不当。当代高校大学生思想活跃、蓬勃向上，好奇心、求知欲强，想要少点理论说教，多点实践教学，但部分高校思想政治课程教师却对实践教学不够重视或使用不够科学，如部分教师不愿意花时间和精力去组织实践教学，认为课堂理论教学更容易被掌控，更安全、更省力等；部分教师在实践教学中的角色定位错误，实践教学应该充分发挥高校大学生的主动性，应杜绝教师大包大揽的情况，当然为保障学生安全和教学效果，应给予有效的监督和管理；参与实践教学的主体缺乏广泛性，部分教师只允许学习成绩优异的学生参加实践教学，这样会挫伤其他学生的学习积极性；形式缺乏多样性，由于实践经费和实践场所等因素的限制，导致许多高校的实践教学只采取固定的几种形式，只去固定的几个地方，大大削弱了学生的参与意愿，降低了实践教学效果。

第三，考核评价体系有待完善。首先，考核评价标准和主要手段不够科学。目前，高校的思想政治课程考核评价内容，主要集中在对高校大学生的理论知识掌握情况、能力素质和平时的学习态度方面进行考核，在对高校大学生的能力素质进行考核时，只注重了对高校大学生理论知识的实践运用能力进行考核，缺少对高校大学生行为能力素质的考核。因此，考核主要手段的科学性、实效性和网络思维有待提升：一是目前多数高校在对高校大学生理论知识掌握情况进行考核时，所采取的主要手段是"一张期末试卷定此部分分数"的方法，这种方法不仅容易造成学生因疑难问题得不到及时发现和有效解决而越积越多，直至放弃此门课的情况发生，而且也不利于教师及时发现教学中存在的不足而有针对性地调整教学和及时帮助学生有效地解决问题，因此，其科学性有待提高；二是部分高校在对高校大学生的能力素质进行考核时，不仅忽视了对高校大学生行为能力素质的考核，而且在对高校大学生理论知识的实践运用能力进行考核时的方式过于形式化，导致其实效性有待提升；三是高校思想政治课程的"网络化考核"在许多高校虽然已经实施，但因部分教师并未真正认识到互联网对于考核方式改革的革命性推动作用，而导致此种考核方式"名存实亡"和效果"事与愿违"，因此，其网络思维有待增强。除此之外，实践考核评价机制不够完善：各高校虽已普遍采用实践教学的教学方法，但相应的实践考核机制却尚未完善，目前有部分高校只采用书写实践心得等的方式进行考核，这种方式太过单一。当前部分高校为避免因统一命题而束缚教师教学特点的负面影响，而采用各任课教师自主命题的主要手段，这虽然调动了教师创新教学方式方法的积极性，但由于缺乏行之有效的监督，容易造成任课教师在对考题难易程度、考场纪律和阅卷尺度的把握上过于随意，降低了考核评价结果的可信度。

（六）教育模式面临退化

习近平意识形态工作论述是在不断总结我国历届领导集体关于意识形态重要论述的基础上，结合我国实际国情与时代背景的新时代思想产物，充分体现了极具时代特色的创新性和与时俱进的特征。这样的时代性特征于高校而言应体现在教育模式与时俱进。一方面，习近平意识形态工作论述的网络论述表明，网络已经成为意识形态斗争的重要战场。高校大学生作为时代先锋产品的追随者，必然会受到网络信息的干扰和迷惑。在这样的现实背景下，已有不少高校响应时代的要求，建立起网络思想政治教育平台，但仍然有部分高校疏于网络思想政治教育平台的建设和发展，甚至有部分高校并未感悟到网络教育的重要意义，没能触及该领域，依旧保持传统的课堂讲授教学模式，教育模式呈现老化，无法吸引学生注意力、激发学生对思想政治相关内容的学习兴趣。对此高校应及时响应时代要求，进化其教学模式。另一方面，目前高校思想政治教育课程内容相对独立，思想政治教育模式还未健全，未能全方位地将思想政治教育的相关理论渗透到高校教育教学过程当中。

（七）高校思想政治课程的保障机制欠完善

第一，对高校思想政治课程的实际重视程度有待加强。一方面，国家相关部门对此课程的实际重视程度有待强化。具体表现在：其一，虽然国家一直以来都非常重视高校思想政治课程的建设和发展，下发了许多专项文件和指示，但国家相关部门针对高校对有关文件精神和指示的真实贯彻情况缺乏有效的监督；其二，目前多数高校的思想政治课程专职教师人数与在校学生人数的比例尚未达到最低要求，因此，国家对此课程专职教师的培养力度有待进一步加强；其三，国家或地方相关部门未充分发挥自身在协调各高校共享教育资源方面的特殊作用，未能使教育资源作用最大化。另一面，高校对思想政治课程的实际重视程度不够。虽然国家历来看重此课程的建设和发展，但事实上"说起来重要、做起来次要、忙起来不要"的不良现象在部分高校中仍然存在，这些高校未能把相关文件精神和指示真正切实贯彻到位，未能给此课程的有序、有效开展做好保障工作。具体表现在：其一，随着高校的不断扩招，进一步凸显了高校思想政治课程的专职教师人数与学生数量之间的矛盾，致使许多高校成倍地加大现有教师的工作量和采取"大班教学"形式；其二，随着各高校校园规模的扩建，虽然满足了学生对教室数量的需求，但教室的现代化多媒体设备却不能满足教师和学生的需求，且存在部分教师不能熟练操作多媒体等现代化教学设备的情况；其三，有关研究表明，"通常情况下，人学习能力的最佳时间一般出现在上午，而运动水平的最佳发挥时间是在下午"，事实上目前存在部分高校的相关部门及领导因对高校思想政治课程的价值认识不到位，而把高校思想政治课程的上课时间安排在上课效果较差的下午甚至晚上进行的现象，与专业课的上课时段安排形成了鲜明对比，与其他公共课也有较大差距。

第二，高校大学生对高校思想政治课程认同的家庭、社会氛围有待优化。一方面，良好的家庭认同氛围的营造有待加强。具体表现为：其一，部分家长受传统观念的影响，认为此课程是"副科"，学不学对孩子没有影响；其二，部分家长未能很好地以身作则，影响了家长的道德示范作用的发挥；其三，部分家长与学校缺少有关孩子思想政治素质状况的沟通，未能形成协同共管机制。这些都不利于引导和督促高校大学生对此课程的重视，不利于培养他们高尚的思想道德素质、坚定的政治信念和相应的行为能力。另一方面，良好的社会认同氛围的构建有待强化。具体表现为：其一，不良社会环境的存在；其二，用人单位忽视或不重视对应聘人员思想政治素质的考核；其三，对大众传媒的管理和利用大众传媒弘扬社会正能量的力度有待加强。这些因素都制约着高校大学生对高校思想政治课程的认同。

第三，高校思想政治课程的制度保障体系有待完善。"无规矩不成方圆"，健全、有效的高校思想政治课程制度，可以规范此课程教学的开展和激发此课程教师的教学动力，但目前部分高校在相关保障制度建设方面，仍存在不足。一方面，高校思想政治课程的教学督导制度有待完善。其一，部分高校聘用非本专业人士担任高校思想政治课程的教学督导员，导致他们不能从专业的学科角度来评估教学情况，无法提出针对性、建设性的建议；其二，部分高校聘用督导员的标准过低，导致聘用的督导员不能切实履行自身职责，致使该项制度的建立形同虚设，不能真正起到监督教学的作用；其三，部分高校督导制度的层次过于单一，不能全面地了解、把握此课程的实际教学情况。另一方面，高校思想政治课程的教师教学评价制度不健全。有效的评教制度可以督促教师用心教学，努力提升自身理论素养、丰富教学内容、创新教学方式方法，进而促使高校大学生积极主动、热情洋溢地去学习此课程，有利于提高高校大学生对此课程的认同。高校评教制度已实行多年，也收到了较好的效果，但仍存在一些尚待完善的方面，具体表现为：其一，评教标准抽象模糊且不全面，目前的评价标准不容易被评价主体量化，且忽视对教师的实际教学、参赛和指导学生参加社会实践活动等情况的考核；其二，评价主体单一且各评价主体的分值所占比重不合理，对教师的评价主体应该多元化、多角度和多方面，这样才能使评价结果更合理、更科学、更客观。

第三节　高校思想政治教学改革背景

一、信息化为大学生思想政治教育教学改革带来的机遇

（一）　"大数据"的使用有利于实现大学生个性化教育

虽然近年来教育教学在形式上有不小的创新变革，但依旧没有改变所有学生都使用一样的教材、做同样的习题的现状，所有的学生都具有统一的标准，受到同样的待遇。正如工厂的流水作业一样，生产出标准化的零部件，这会使学生丧失自主能动性，不利于学生的素质教育。而为使学生实现个性化教育，大数据的使用使得"一人一份方案"成了可能。

1.建立适应性学习体系

适应性学习体系是指根据知识的扩散程度，学生的心理发展，以及学生感兴趣的方向而不断变革和优化教育内容和教育方法。对众多教育主体采取不同教育方法的效果进行调查，针对调查结果的不同，根据学生的个体差异，制订不同的思想政治教育策略。在小数据时代，教师会凭借自己的主观经验和感受对学生的思想和行为做出判断，但教师无法做到对每一位学生都能做出准确判断。除了教育者的主观判断，小数据时代还会根据学生的试卷，回答的问题来收集学生数据信息，但数据采集有限、分析不能全面，使得高校思想政治教育提升有效性存在困难。大数据时代，我们可以根据学生的上网次数、浏览记录，以及消费情况等大量生活和学习的数据，让教育者充分了解学生，制订出适合学生的思想政治教育方案。

2.私人订制推荐技术的发展

大数据的最显著功能就是预测功能，要想对未知进行预测，前提是采集大量的数据信息。高校思想政治教育可以利用大数据采集学生的日常信息数据，例如，去图书馆次数、经常借阅的书籍类型，以及还书状况等出入信息数据。以此分析出学生喜欢的书籍类型，从而为学生设计出专属自己的推荐书单。还可以运用大数据技术对学生思想政治课中与教师的互动状态，以及课后作业的完成情况实时掌握动态信息数据，可以根据这些动态数据完善教师上课形式，有针对性地为教师提出教学方案，也会有针对性地为学生提供学习策略，从而提升高校大学生和高校教师互动效率，培养学生自主学习能力。

（二）信息传播突破时空界限有利于拓展思想政治教育视野

大数据时代的到来为传统的思想政治教育提供了一个全新的学习环境，提供了一个全天候的数字化世界。由于互联网的深入发展，各种数据信息已经将学生包围，成为不可或缺的生活方式。而高校大学生这个群体是极其活跃的群体，更容易接受新事物，受环境影响大，他们处在数据丰富的大数据时代，能够通过大量的即时性数据信息充分调动其积极性，挖掘其内在潜力，从而引导其树立正确的"三观"。不同于以往传统思想政治教育的是，信息的传播已然不受时间和空间的限制了，这会使高校大学生接收到更多更前沿的信息，从而拓展高校大学生的思想政治视野。

1.数据信息突破时间限制

互联网的发展，带来了各种优质的教育资源，这些教学资源可以随时被分享，使教学不再受时间和空间的限制，也使教学重难点的突破不再成为问题。因此，信息技术其实也促进了教学的一次重大改革。

无论是教育者还是高校大学生群体，每个人的精力都是有限的，无法将过去、现在、未来的知识都深刻了解和挖掘，受数据处理技术的限制，如果想要学习进步，大部分的学者都会选择向其他学者请教或在图书馆查阅资料。现今只要动动手指就可以在任何有网区域获取到你想查阅的信息，极大程度地节省了时间。如遇到需要研究的疑难问题，还可以通过线上交流发表自己的意见，了解其他学者想法，为研究者提高更多的灵感。海量的数据信息便于高校大学生查阅资料，增加了高校大学生的学习资源，从而拓展了高校大学生的视野。

2.数据信息突破空间限制

传统的思想政治教育以固定的学校班级授课为主，大数据时代将班级授课和网上学习相结合，形成线上与线下的联动效应。课堂将不是高校大学生接受思想政治教育的唯一阵地，可以通过网络信息数据共享将大数据挖掘信息功能引入课堂之中，将传统课堂转移至网络互动平台。这增加了高校大学生思想政治教育信息，拓展了高校大学生眼界，更有利于通过线上线下的结合教育，让高校大学生对思想政治教育内容掌握更深刻。

除此之外，数据信息的收集不仅仅停留在国内，还包括国外的许多先进知识与经验等，足不出户就可以获取详细信息，丰富了高校大学生的知识储备，有利于活跃高校大学生的思维。大数据时代的到来，使大量有价值的数据信息出现在我们面前，为思想政治教育工作提供了很多便利。不仅使高校大学生牢固自己的专业理论知识，还拓展了其他领域的能力，使高校大学生更快地向全面的素质人才方向发展。

二、大学生思想政治教育改革的必要性

（一）传统的教育模式面临巨大挑战

新时代网络得到飞速发展，这给人们的生活带来了很大的便利，与此同时也带来了很多的弊端。例如，有些学生沉迷网络，花很多时间打游戏、聊天，严重影响了日常生活与学习，还危害健康。再如，网络诈骗，高校大学生分辨是非的能力还不够强，网络上有很多人妄图钻法律的漏洞进行诈骗活动，这给高校大学生的人身和财产安全都带来了很大的威胁。网络上还存在着许多暴力、色情及负面的内容，网络监管上的难度使政府对网络的监管无法面面俱到，这些负面影响会危害高校大学生的身心健康。

（二）学科建设存在问题

学科建设是围绕学科方向、学科队伍和学科基地，通过硬件的投入和软件的积累，提高学科水平，增强人才培养、科学研究和社会服务综合实力的一项系统

工程建设的过程。

1. 师资队伍支撑疑难问题及造成的影响

师资队伍质量、数量等指标是学科水平和建设前景的决定性要素。从数量来说，"马学科"的师资队伍数量截至 2020 年 12 月，高校大学生和高校教师比基本达标，但是不得不说，为了达标，部分学校的专职老师依然匮乏，只能采取兼职方式，这就从一定意义上拉低了学科建设的质量。从师资队伍质量来说，由于历史的原因，相当一部分的专业课老师并不具备马克思主义理论学科背景，管理学、历史学、教育学、心理学乃至其他理工类学科背景的老师在学科建设之初进入专职教师队伍，十多年来，虽然在从事思想政治教育工作，但是受制于时间、精力条件，这个群体中，在马克思主义理论学科造诣上更进一步的老师少之又少，导致了另一个问题出现，即相当一部分的马克思主义学院在学科方向的凝练问题上长期无法突破。

2. 学科建设环境遇到的困境及造成的影响

近些年来，随着党中央将"马学科"建设、思想政治教育工作放在战略地位上予以重视，该学科及建设主体单位——马克思主义学院的发展建设环境相对宽松，可以说迎来了历史上最快最好的发展机遇期。但是，部分高校和地方对此问题的改革推进的步伐相对较慢，导致学科建设的硬环境并不如党中央的期待，如部分高校在办公面积、办公条件、资料室建设、实践中心建设等方面的支持力度依然有限。软环境方面来说，部分领导、部分老师对该学科存在偏见，认为"马学科"不是学科，部分学校会在职称评定、工作考核、教师数量等方面不注意该学科的特殊性，搞一刀切，进而影响马克思主义学院教师队伍的工作积极性，制约了高校整体思想政治教育工作的发展。

第四节 高校思想政治教学改革与创新路径

一、课程体系改革与创新

（一）公共必修课程体系的优化完善

根据十九大精神指导和相关要求，习近平新时代中国特色社会主义思想按照"三进"要求，也将逐步在本科阶段和研究生阶段全面铺开。与之相对应，教育部就上述各思想政治理论公共课程的学时、学分予以明确规定，要求各学校必须开满开全，不能以各种理由削减课时，确保量足质优。那么，在此大框架之下，如何优化完善公共必修课课程体系，则是需要从结构、内容上进行优化的问题，辅之以与教师的良性互动、制度的坚实保障，才能够在大框架下，提升每一门思想政治理论公共必修课的教育教学质量。

第一，优化完善教学内容，确保各门课程质量提升。虽然各门课程的学时设定有着明确依据，然而各位教师教学风格、教学重点、教学组织等各有差异，因此在有些老师看来，学时不够的情况依然存在。面对这种矛盾，急需各个学校以教研室为单位，就所带课程进行创新式的集体备课，就教学内容、教学组织、教学质量等问题集中研讨，优化教学内容，设计教学路线，交流教学方法，确保各门课程的学习内容不打折，教学效果有保障。

第二，根据实际可以进行课程内部结构的优化组合。当前本科阶段教学中，"毛泽东思想和中国特色社会主义理论体系概论"课程讲授内容多，牵涉面广，教师普遍反映无法面面俱到，因此，专题式教学在各个高校被普遍应用。专题式教学的好处是内容聚焦，便于教师重新组织课程和教材内容，在聚焦重点、难点的基础上，也能尽可能做到内容的全覆盖。

第三，"思想政治理论课实践教学"和"形势与政策"务必在与理论课有机结合的基础上开设，确保关联性、一致性、补充性和全面性。当前部分高校的这两门课程虽有开设，但铸魂育人的效果不是特别明显。究其原因，一方面是部分学校将这两门课程划拨给了团委、学生处的老师，以及辅导员、班主任队伍，由此难以保证这两门课程与其他几门理论课程在体系上的完整性。另一方面，由于代课教师的学历背景、教学水平、认知能力等千差万别，所以两门课程的主渠道、主阵地作用的发挥成为疑问。因此，在课程体系优化完善方面，急需改变这一现状和设置上的短板。

（二）马克思主义理论专业课程体系的优化完善

由于各个学校的人才培养方案各有差异，开设课程也不尽相同，各有侧重，这在很大程度上取决于所在学校的师资力量和学科方向。因此，很难就专业课程体系做统一性的优化完善，这里从优化完善的原则角度提几点意见。

第一，聚焦国家和社会发展需要优化完善课程体系。马克思主义理论专业课程体系并不是一成不变的，需要根据时代变化和社会发展需要与时俱进。举个例子，二十世纪八九十年代，该专业的培养计划偏重设置一些西方哲学社会科学方面的课程，因为当时的中国迫切地需要了解世界。时至今日，培养计划中除了中西方思想文化交流方面的课程有必要保留并修订之外，更需要根据变化的国际局势和正在变化的中国，开设并加强服务于中华民族伟大复兴，坚定"四个自信"等的课程，如此才能保证培养出来的学生跟得上时代发展的需要，更好地服务于国家各方面的建设。

第二，聚焦人才培养定位和目标优化完善课程体系。由于我国的大学是划分层次和划分类别的，因此，同样开设马克思主义理论专业的情况下，每个学校的人才培养定位和目标就会呈现出差别。比方说本科院校和专科院校、师范类院校和综合类院校、理工农医类院校和文科为主的院校，他们的人才培养定位和目标均不尽一致。在这种情况下，相对应的培养方案，以及由此设定的课程体系就应该有所区别和侧重。举个例子，作为综合类院校的重点马克思主义学院和师范类院校的重点马克思主义学院，其培养方案绝不能完全一致，如果完全一致，就违背了两个学校的设置初衷，也违背了两个学校的建设发展方向。在此情况下，综合类院校根据其人才培养定位和目标，所建构的课程体系就要把视野扩展得更大一些，不能局限于师范类人才的定位和培养。同理，师范类院校根据其人才培养定位和目标，所建构的课程体系就要把眼光聚焦得更专业一些。因此，在课程体系建设上，不要无视人才培养定位和目标，在培养计划中建构大而全，不能凸显学校和行业特色的课程体系。

二、教学体系改革与创新

（一）坚持依据教师队伍实际进行教学体系改革与创新

从宏观角度审视教师队伍，主要是从较大区域范围的角度观察区域内思想政治理论课教师的实际情况，主要看数量，结构、学历、培养体系、梯队建设、培养机制等问题，这些方面的矛盾处理得好，创新的基础和前景就比较光明，这些方面的矛盾处理不好，创新的基础和前景就需要发挥创造性，努力、有效地解决。从中观角度审视教师队伍，主要是从一个学校的角度观察学校思想政治理论课教师的实际情况，除了看数量、结构之外，也要看本校的培养体系、梯队建设、培养机制等问题，特别要观察学校范围内思想政治课教师的成长发展问题，创造出一个"留得住，愿意干，争着干"的环境和氛围，为思想政治课教师队伍的稳定发展创造出良好的发展空间。从微观角度审视教师队伍，主要看每一个个体的学历背景、长处短处及发展特点和个人实际。要对教师进行区别化培养，精准式推进，要把教师个体的实际和他所能担负的任务有机统筹，在最大化各自优势的基础上进行创新，要把教学和科研方面的某一类难题交给最适合创新的团队或个体，才能实现人才队伍资源开发创造的最大化。

（二）坚持依据教材和学情进行教学体系改革与创新

依据教材和学情进行创新的目的在于保证创新的方向和步骤，脱离教材进行任何形式的创新，思想政治理论课就有可能变成"鸡汤课"，也可能会脱离思想政治教育理论课的本质。举个例子，就"中国近现代史纲要"课程而言，如果脱离教材进行创新，那么就可能把这门课程当历史课来讲，而忘记了这门课程的本质和核心任务，毕竟这门课不是历史课，而是政治课，是让学生理解"四个选择"等中国近现代历史上事关国运的重大问题的一门课程。对"思想道德修养与法律基础"课程而言，如果脱离教材，大概率会变成"鸡汤课"。所谓"鸡汤课"就是没有营养价值的课。为此，必须依据教材进行创新，同时也要依据学情进行创新。学情是教学创新改革能否正常开展的前提，无视学情的创新，会事倍功半，见不到实效，浪费各类资源。举个例子，对于理工科学生和文科学生，不能适用统一的教学模式和教学方法，无论是资源配置还是讲授主要手段，以及任务安排都要体现出学情的实际。如果不依据学情进行创新，所谓的创新距离初始目标就会越拉越远。

（三）坚持依据教学反馈进行教学体系创新

依据教学反馈进行创新是一个及时互动，不断调适，争取让教学不断得到进步的过程。所以，教学反馈要确保及时性和长效性，即一方面在较短区间内讲究及时反馈，一方面在较长区间内讲究跟踪反馈。同时也要确保科学性和合理性，要在尊重思想政治教育教学的基础上进行评价和反馈，避免一刀切的评价反馈，反对不顾及实际学科特点的评价反馈。教学反馈也要注意全面性和综合性，确保教学反馈不是单独的、片面的评价，要确保学生主体地位，将专家意见和学生意见，以及其他听课老师的意见综合、全面、实事求是地反映出来，否则也会给教师本人带来不必要的浪费和偏差性引导。

第五章 高校思想政治教育实践路径

第一节 高校思想政治教育实践机制建设

一、高等院校学生思想政治教育实践准则

(一) 重视融合主体性与主导性

思想政治教育主体的自觉性强化了高等院校学生价值引导的主体性，思想政治教育的自发秩序冲击了高等院校学生价值引导的主体性。这就要求高等院校、政府及社会在进行价值引导时要尊重学生的主体性，发挥高等院校学生的能动作用，并通过加强主导性克服思想政治教育自发性带来的弊端，即重视融合主体性与主导性，坚持主体性与主导性的统一。

所谓主体性是指发挥高等院校学生的能动作用，让高等院校学生自己觉悟自己，自觉接受积极的影响，自主建构符合国家和社会发展要求价值观的过程。所谓主导性是指引导者通过各种方式，把符合国家和社会发展要求的主流价值观转化为高等院校学生自觉行动的实践活动。

主体性和主导性是相互促进、相互联系的两个方面。一方面，新时代高等院校学生思想政治教育价值引导必须靠高等院校、政府和社会；另一方面，新时代高等院校学生思想政治教育价值引导的效果，最终还是需要通过高等院校学生的自主建构来实现。主导性是高等院校学生价值观转变的外因，主体性是高等院校学生价值观转变的内因。主导性的发挥能为新时代高等院校学生思想政治教育价值引导提供一个良好的外部环境和条件，将价值引导的内容通过适当的方法传授给高等院校学生。高等院校学生主体性的发挥需要在主导性的作用下才能形成和

发展。主体性能否发挥是衡量主导性功效的标志，也是高等院校学生思想政治教育价值引导的目的和归宿。价值引导主体性的发挥就是高等院校学生通过反省、反思、自我修养等途径，提高自己的价值判断和选择能力。在新时代高等院校学生思想政治教育价值引导中，高等院校学生主体性的发挥仍具有重要意义。重视融合主体性与主导性，坚持主体性与主导性相统一的原则，不仅要注重从外部进行高等院校、政府和社会的引导，还要重视内省自修的自我引导。一方面，要充分发挥高等院校、政府及社会的主导作用。高等院校、政府及社会要用正确的价值观指导学生，用马克思主义的价值观武装学生的头脑，增强高等院校学生在思想政治教育中的价值判断和价值选择能力。针对高等院校学生在思想政治教育过程中习得的合理的内容，高等院校、政府及社会要正面引导，对于有偏差的内容，要及时纠偏，以确保高等院校学生的价值观一直在正确的航道上。另一方面，高等院校、政府及社会要发挥高等院校学生的主体性。要树立平等互动的意识，将高等院校学生看作能够根据已有的认知图式主动建构价值观的人，努力争当价值引导活动的组织者、促进者和合作者。要根据高等院校学生的认知图式、个体偏好等，从思想政治教育中取材，运用思想政治教育的各项方法，因材施教，增强价值引导的生动性、形象性，提高价值引导的针对性、有效性。

（二）坚持开放性与规范性相统一

新时代，高等院校学生获取信息渠道多样，接触内容多元、开放，要解决思想政治教育内容开放性与高等院校学生价值引导视野有限性反差问题需坚持"变"与"不变"的方法论，在保持价值引导内容规范的前提下，突出内容的开放性，即高等院校、政府及社会要坚持开放性与规范性相统一。

所谓开放性是一定的社会意识形态总是与其他社会的各种思想并存、渗透，高等院校学生思想政治教育中接触的思想不可能整齐划一，高等院校学生价值引导的内容是开放的。所谓规范性是指高等院校学生价值引导内容要具有方向性，它需要反映社会的主导价值倾向。高等院校学生价值引导不能在开放的、多样化的价值引导内容中迷失方向。

高等院校学生思想政治教育价值引导内容的开放性有两个方面的要求。一是价值引导内容选择的多样性。高等院校学生的网络自主学习活动、休闲兴趣活动以及社会实践活动中存在一些与主导性内容相关、相容的其他必要辅助引导内容。

高等院校学生思想政治教育价值引导内容的主导性有三个方面的要求。一是要引导高等院校学生维护社会主义意识形态的主导地位。当前国际国内形势发生深刻变化，全球化不断向前推进，西方一些国家搞文化霸权主义，一些西方社会思潮如功利主义、自由主义等广泛传播，人们在各类消极信息的冲击下，会产生理想信念模糊、价值扭曲等问题。高等院校学生在进行网络自主学习时会接触到各种歪曲社会主义本质的图片、视频以及动漫等。同时，高等院校学生处在"拔节孕穗"期，阅历不足、心智尚未成熟，价值判断和选择能力相对较弱。这就需要坚持社会主义意识形态的主导地位。二是坚持以爱国主义、集体主义、社会主义为主要内容的主旋律价值引导。只有坚持主旋律价值引导，才能强化高等院校学生的马克思主义信仰，激励其积极投身于社会主义现代化建设的浪潮中。坚持开放性与规范性相统一的原则，有两个方面的要求。一方面，要在坚持价值引导内容规范性的前提下提倡开放性。高等院校、政府及社会在进行价值引导内容选择时，要确保规范性，这是方向。坚持规范性是为了价值引导开放内容的针对性和准确性。另一方面，要坚持价值引导内容开放性中的主导性。当今时代是信息技术迅速发展的时代，信息具有海量性，高等院校学生思想政治教育价值引导内容选择余地越来越大，但开放性内容的选择是为更好地体现规范性。

（三）尊重和综合各类价值引导

思想政治教育渠道多元凸显高等院校学生价值引导方法相对滞后，这就需要高等院校、政府及社会转变价值引导方法，在创新价值引导方法的同时坚持多样性与统一性相统一的原则，也就是尊重和综合各类价值引导方法。

所谓多样性是指高等院校学生在思想政治教育中，价值引导的方法是多样的。线下的课外阅读活动、文艺类活动、社团活动、志愿服务活动、社会实践调研、社区服务活动、假期兼职，线上的阅读活动、公益活动、观影活动、网络社团活动、网络游戏等，都可作为高等院校学生思想政治教育价值引导方法。所谓统一性是指尊重高等院校学生思想政治教育价值引导方法的差异，并实现多种价值引导方法相结合，使其共同服务于高等院校学生思想政治教育价值引导的目标，确保高等院校学生思想政治教育价值引导的思想性、价值性和合理性。

尊重和综合各类价值引导方法，有两个方面的要求。一方面，价值引导方法统一性是多样性的必然要求。思想政治教育多渠道的特点增强了高等院校学生学习的灵活性、针对性以及丰富性，它创新了高等院校学生思想政治教育价值引导方法，使得引导方法呈现多样化发展趋势。但是这些多样化的大学生价值引导方法并非独立的，只有将其统一起来，包容各类价值引导方法的差异性，才能共同服务于高等院校学生思想政治教育价值引导的目标，确保大学生思想政治教育价值引导的思想性、价值性和合理性，实现高等院校学生思想政治教育价值引导效果的最大化。另一方面，价值引导方法的统一性不能泯灭多样性。高等院校学生思想政治教育价值引导方法注重统一性，但并不意味着排斥方法的多样性，而是尊重和包容多样化的方法，使其能够满足不同层次高等院校学生群体的个性化需求，提高高等院校学生思想政治教育价值引导的针对性。

尊重和综合各类价值引导方法，需做好以下两点：一是高等院校、政府及社会要努力挖掘高等院校学生思想政治教育中的价值引导方法，善于利用大数据、人工智能、区块链等信息技术，实现信息技术的工具理性和价值引导的价值理性有效结合，让高等院校学生价值观引导"活"起来，实现价值引导方法的创新。二是高等院校、政府及社会要综合运用各种价值引导方法。高等院校、政府及社会必须在把握各种高等院校学生思想政治教育价值引导方法特点的基础上，促进各种方法的协调综合，形成共同服务于高等院校学生思想政治教育价值引导目标的统一性方法。

（四）切实做好疏导防范工作

新的历史方位下，思想政治教育场域带给高等院校学生价值引导潜在风险，这就需要高等院校、政府及社会做好疏导和防范工作，即坚持疏导性与防范性相统一的原则，从而引导高等院校学生树立正确的价值观，为国家和社会发展服务。

疏导性即疏通、引导。疏通是放手让高等院校学生将各种想法和意见表达出来，引导者通过观察研究做出引导方案；引导是在疏通的基础上对具有正确价值导向的想法和意见给予肯定和支持，对具有错误价值导向的想法和意见通过民主、平等讨论、说服教育、批评与自我批评的方法将其转化为积极的因素。防范性是指通过一系列的手段净化高等院校学生思想政治教育场域环境，清除带有错误价值导向的内容，避免高等院校学生在思想政治教育场域中被错误价值观误导。

要想做好新时代高等院校学生思想政治教育价值引导首先要尊重其心理。根据高等院校学生的心理进行疏导，动之以情，晓之以理，以解决思想政治教育场域中的价值困惑。在进行疏导时，首先要坚持问题导向，关注高等院校学生在思想政治教育场域中遇到的价值问题，并从正面对这些问题进行疏导。其次，要注重情感关怀，以情化人。在进行疏导时，不能采用命令式的方法，引导者要与高等院校学生进行平等对话，在对话中引导高等院校学生树立正确的价值观。最后，在进行疏导时要讲究技巧艺术。疏导需要循循善诱、以理服人，同时也要注意疏导的时机和方式。针对思想政治教育场域的高等院校学生价值引导潜在风险进行防范。一是高等院校、政府及社会要把握国际国内形势对高等院校学生思想政治教育场域的影响，把握大势，认清风险。二是高等院校、政府及社会要注重研判思想政治教育领域的风险。高等院校学生思想政治教育场域多元，要注重研判哪个场域存在风险，具体存在什么样的风险，并提供风险防范依据，防止风险联动。三是高等院校要运用思想政治理论课、讲座、微课等形式引导高等院校学生辨别各种错误的价值观，增强其风险防范能力。

（五）厘清显性教育与隐性教育关系

显性教育是指引导者充分利用各种公开的手段、场所，有组织、有计划地对高等院校学生实施有意识的、直接的、公开的价值引导。隐性教育是指引导者通过创设社会环境、活动场所和文化氛围，对高等院校学生实施无意识的、间接的、隐蔽的价值引导。

厘清显性教育与隐性教育关系，要明确这两者作为思想政治教育的一对范畴，两者是辩证统一的，这两者既相互独立又相互影响。在进行高等院校学生思想政治教育价值引导时，一是要发挥好显性教育的主导作用。显性教育是与我国思想文化、社会制度以及教学资源相适应的价值引导方式，它能把握方向、管大局。高等院校学生在思想政治教育中会接触到多元的价值观，容易产生价值冲突，无法分清是非、善恶、美丑的界限。这就需要发挥显性教育的主导作用。

二是要利用好思想政治教育的广泛性做好隐性教育。隐性教育不具备系统性，其方法是隐蔽的，发挥着"润物细无声"的作用。隐性教育的过程是融入社会生活生产实践中的，主张"做中学"的过程。隐性教育的资源是泛在的，校园文化、家风、各类建筑等都是隐性教育资源。思想政治教育的方法多样、内容开放、场域多元，蕴含着诸多隐性教育资源。中国古代思想家重视"身教示范"的德育作用，实际上强调日常生活、人际交往等对人的思想行为的影响。社会认知论也认为个体有替代性学习（观察学习）的能力，个体若看到与自身相似的个体通过持续的努力获得成功，他会相信当自身处于类似的活动情境时也能获得同样的成就水平。为此，高等院校、政府及社会要善于挖掘思想政治教育中有关价值引导的隐性教育资源，净化思想政治教育的物质环境和精神环境，通过隐性教育进行高等院校学生思想政治教育价值引导。

三是显性教育要融入思想政治教育中有关隐性教育的方法、资源。勤工助学、校外考察参观、志愿服务、义工活动等思想政治教育方法都属于隐性教育的方法，高等院校学生的网络自主学习场域、社会实践活动场域以及休闲兴趣场域存在诸多隐性教育资源。为此，显性教育要吸收高等院校学生思想政治教育中有关的隐性教育方法、资源，从而消解高等院校学生思想政治教育场域的价值问题，引导高等院校学生树立正确的价值观。

二、高等院校思想政治教育价值引导机制

要引导高等院校学生树立正确的价值观需高等院校、政府及社会采用自律与他律相结合的培养机制、知识与价值相结合的学习机制、多路径与同向行相结合的互动机制、回应问题与正面引导相结合的宣传机制以及日常生活与严肃主题相结合的实践机制。

（一）培养机制方面自律与他律相结合

思想政治教育主体的自觉性能增强高等院校学生价值引导的主体性，在进行高等院校学生价值引导时，要充分运用好高等院校学生的自觉性，通过自律增强高等院校学生的价值认知、价值认同和价值内化。思想政治教育自发性秩序冲击了高等院校学生价值引导的主体性，这就需要通过他律深化高等院校学生的价值认知、认同和内化。即高等院校、政府及社会要采用自律与他律相结合的培养机制进行高等院校学生思想政治教育价值引导。

自律对于价值引导具有重要作用。中国古代思想家也主张通过"慎独"以及"吾日三省吾身"等自律的形式增强个体的道德修养。在高等院校学生思想政治教育活动中，主体的自觉性决定了其能够根据国家和社会发展的要求和自身发展的需求，有目的、有计划地对自我进行调控，这为高等院校学生的自律提供了可能，使高等院校学生主动"屏蔽"社会以及其他方面的错误价值导向，坚持对主导价值观的认同、内化与外化。因此，在高等院校学生价值引导过程中，高等院校可通过主题班会、座谈会等形式启发其价值自觉，培养高等院校学生的自律能力，促使高等院校学生生成抵御错误价值观的能力。

思想政治教育的单向性冲击了高等院校学生价值引导的主体性，弱化了主流价值观的生成。这就需要高等院校、政府及社会发挥他律的约束作用，通过他律来约束高等院校学生的行为。一方面，高等院校、政府及社会要制定一些法律法规、规章制度，通过法律和制度的强制作用，优化思想政治教育环境。同时，对网络思想政治教育场域要发挥好"有形的手"和"无形的手"的把关作用。具体来讲，要提高职业把关人的把关能力，通过各类培训增强职业把关人的理论"内功"，掌握网络化时代的各项技术，提高把关水平。要运用好各项技术，通过算法、平台进行把关，发挥数字把关人的作用。另一方面，高等院校要加强对学生进行理论灌输，通过理论灌输提高高等院校学生的理论修养，实现他律向自律的转换，最终自主生成正确的价值观。

总之，自律和他律都能规范高等院校学生的思想和行为，新时代高等院校学生思想政治教育价值引导，不仅要注重他律的约束性，还要注重自律的自主性，将二者结合引导高等院校学生生成正确的价值观。

（二）学习机制方面知识与价值相结合

思想政治教育的内容是开放的，高等院校学生在网络自主学习活动、社会实践活动以及休闲兴趣活动中习得多样化的知识。由于受现代社会工具主义知识观的影响，有一部分知识带有工具理性的倾向，弱化了其价值理性。因此，高等院校学生思想政治教育价值引导必须凸显思想政治教育内容的价值性。为此，要用习近平新时代中国特色社会主义思想引领思想政治教育的内容，实现知识与价值相结合。

坚持知识与价值相结合的学习机制，一是高等院校、政府及社会要将价值理性融入开放的思想政治教育内容中。思想政治教育内容的开放性会与高等院校学生价值引导视野有限性形成反差，这就需要拓宽价值引导视野。高等院校学生网络自主学习的内容是网络平台的多元主体创造的，其更新速度快、数量庞大。高等院校学生社会实践活动是社会性的，其内容的确定有多方资源、力量的参与。高等院校学生的休闲兴趣活动也是高等院校学生根据自身的兴趣、特长等自主选择的，这些高等院校学生的思想政治教育活动内容没有引导者的统一编排，是多样化的。这些开放性的思想政治教育内容不应只是增加高等院校学生的知识储备，望其早日成才，还应引导高等院校学生树立正确的价值观。为此，高等院校、政府及社会要用主导价值观为高等院校学生思想政治教育的内容赋能，实现知识与价值的统一。二是高等院校、政府及社会要将思想政治教育内容中先进的价值观纳入价值引导内容体系，丰富高等院校学生的知识理论体系，拓宽价值引导视野，塑造高等院校学生的价值观，最终实现知识性与价值性的统一。三是要在高等院校学生思想政治教育的实践中实现知识与价值的统一。价值观作为一种社会意识，来源于社会实践。为此，高等院校、政府及社会要为学生创造社会实践的平台，鼓励学生在实践中实现知识与价值的结合。

总之，思想政治教育内容开放，高等院校学生价值引导需要高等院校、政府及社会用主导价值观为高等院校学生思想政治教育内容赋能，要将思想政治教育内容中先进的价值观纳入价值引导内容体系，要创建社会实践平台，鼓励高等院校学生在社会实践中实现知识与价值的结合。

（三）互动机制方面多路径与同向行相结合

高等院校学生在思想政治教育中易受各种社会因素的影响，学习方法也具有多样性，仅靠单一的价值引导方法不能解决问题。为此，高等院校、政府及社会要采用多路径与同向行相结合的互动机制。

坚持多路径与同向行相结合的互动机制，一是要创新价值引导方法。高等院校学生思想政治教育方法多样，凸显出价值引导方法相对滞后。高等院校学生思想政治教育价值引导要在吸取传统价值引导方法合理、积极因素的基础上，运用现代技术创新价值引导方法，促进高等院校学生价值引导方法的多元化发展。二是要坚持各类价值引导方法同向同行。一方面，要坚持正确的政治方向。思想政治教育方法的多样性创新了高等院校学生价值引导方式，但这种创新不能偏离价值引导的正确轨道，必须坚持马克思主义的方向、社会主义的方向和共产主义的方向，否则会使高等院校学生价值引导形式化。另一方面，多种高等院校学生思想政治教育价值引导路径要协同发展。高等院校学生思想政治教育场域是多维的、接触的内容是多方面的，高等院校、政府及社会要对其进行价值观的高效引导，必须发挥多种引导方法的协同效应。同时，当今时代是信息技术时代，普适计算迅速发展，学习是联通的、泛在的，价值引导需顺应时代潮流，努力构建价值引导的联通、泛在环境，这就要求多种价值引导方法的协同运用，共同发挥作用。要实现多种引导路径的协同发展，要促进高等院校学生价值引导多路径的渗透与融合。高等院校学生思想政治教育价值引导的方法包括显性与隐性方法、虚拟与现实方法、社会教化与自省方法等，高等院校、政府及社会要将显性与隐性相结合、虚拟与现实相结合、社会教化与自省相结合，实现多路径的渗透与融合，发挥其协同合力。

（四）宣传机制方面回应问题与正面引导相结合

思想政治教育场域的风险性会诱导高等院校学生生成错误的价值观，这就需要高等院校、政府及社会及时回应高等院校学生在思想政治教育场域中遇到的实际问题，并加强正面引导，向高等院校学生明确传达我们赞成什么、反对什么，让高等院校学生主动生成正确的价值观判断标准。坚持回应问题与正面引导相结合的宣传机制，一是高等院校、政府及社会要加强价值引导的回应力。在国际国内环境复杂多变的新时代背景下，高等院校学生在思想政治教育场域遇到的价值引导实际问题也是复杂多变的。为此，高等院校、政府及社会要及时介入实际问题中，并给予评价、解释，最终向实践转化；要树立及时回应思维，加强回应平台建设，提高价值引导的回应力。二是要加强正面引导。准确、权威的信息不及时传播，虚假、歪曲的信息就会搞乱人心；积极、正确的思想舆论不发展壮大，消极、错误的言论观点就会肆虐泛滥。思想政治教育场域存在虚假、歪曲的信息，这些信息会诱导高等院校学生生成错误的价值观。为此，必须加强正面引导。一方面，高等院校及政府要运用舆论进行引导。思想政治教育场域中，存在一些虚假、歪曲的信息，大学生价值引导既要做好常规舆论引导，又要敢于亮剑，揭露一些错误的言行。另一方面，高等院校、政府及社会要积极宣传社会主义核心价值观。在思想政治教育场域中产生价值迷茫、价值困惑，其原因在于没有固定的价值观判断标准。为此，要大力宣传社会主义核心价值观，避免被错误价值观误导。人在哪儿，宣传工作就应该在哪儿。高等院校学生活跃于互联网场域，互联网是其生活、学习的重要阵地。互联网具有交互性、扁平化、去中心化等特点。为此，高等院校、党政部门以及新闻传播媒介部门要利用好微博、微信、短视频等平台做好核心价值观的宣传工作，增强其吸引力、渗透力。

（五）实践机制方面生活与严肃主题相结合

思想政治教育的过程是泛在的，遍布高等院校学生的日常生活，新时代高等院校学生思想政治教育价值引导需将价值引导内容渗透至日常生活。同时，为避免"泛生活化"，高等院校学生价值引导需严肃主题，即高等院校、政府及社会要运用日常生活与严肃主题相结合的实践机制进行高等院校学生思想政治教育价值引导。

坚持日常生活与严肃主题相结合的实践机制，一是高等院校、政府及社会要将主导价值观融入日常生活实践活动中。日常生活孕育着价值观，思想政治教育内容来源渠道多样，主要包括家人、朋友、各类传媒等，具有丰富的价值观教育资源。一方面，要将社会核心价值观渗透到高等院校学生日常生活。高等院校学生日常生活中的休闲阅读、浏览网站信息、刷短视频等思想政治教育活动都是传递价值引导内容的重要途径，引导者可将价值引导内容渗透到这些思想政治教育中，从而发挥社会主义核心价值观的引领作用，消解高等院校学生的价值困惑。另一方面，要建立价值引导基地。纪念馆、博物馆、展览馆等社会文化教育机构是高等院校学生价值观习得的重要场所，要充分运用这些基地建立价值引导场所，引导高等院校学生树立正确的价值观。二是高等院校、政府及社会要严肃主题。日常生活的自在性、既成性，使接受已有的存在形态、因循常人的行为模式成为主导的方面，与之相联系的是非反思性的趋向和从众的定势，它在消解个体性的同时，也使存在意义的追问失去了前提。思想政治教育内容的生活性特点存在价值引领和批判的必要性，同时，高等院校学生在思想政治教育中的思维也是零散的、不连续的、非系统性的，若过度强调价值观的生活化会有"泛生活化"的倾向，价值引导仅流于形式，出现价值中立化、媚俗化现象。为此，新时代高等院校学生思想政治教育价值引导需要严肃主题，通过主题教育确保价值引导的正确政治方向和实际效果。

三、高等院校思想政治教育价值引导实现路径

针对新时代高等院校学生思想政治教育价值引导的机遇与挑战，基于高等院校学生思想政治教育价值引导的原则与机制，思想政治教育工作者要更新价值引导理念，媒介要立足社会生活生产、高等院校学生价值引导产品内容，政府要推动弘扬主旋律文化环境的制度建设，高等院校要综合运用传统与现代的价值引导方法，专业教师要构建"大思想政治"与社会"大课堂"相结合的工作格局进行高等院校学生思想政治教育价值引导。

（一）思想政治教育工作者要更新价值引导理念

理念是行动的先导，对于高等院校青年学生价值引导只有不断更新理念，不断创新，才能紧跟新时代的步伐和人们的思想变化。思想政治教育视野下，高等院校学生价值引导要求思想政治教育工作者树立个性化引导理念、一元主体与包容多样的引导理念以及泛在引导理念。

一是个性化引导理念。高等院校学生在思想政治教育中能根据个体需要、兴趣、特长等自由选择学习的内容、方法以及场域等，有明显的个性化倾向，这就要求思想政治教育工作者在进行高等院校思想政治教育价值引导时，首先，要树立个性化引导理念。个性化学习更加注重以人为本、因材施教。"因材施教""以学习者为中心"的教育思想都体现了个性化学习的理念。为此，要尊重高等院校学生兴趣爱好、知识背景、性格特点等个性化差异，允许高等院校学生根据个体的偏好和需求选择适合自身的价值引导内容、目标和方法。其次，思想政治教育工作者要坚持全面发展和个性化发展的统一。思想政治教育工作者要坚持高等院校学生的个性发展原则，在价值引导过程中充当活动的合作者、组织者和促进者，培养各种能力，实现全面发展和个性化发展的统一。最后，思想政治教育工作者要赋予高等院校学生自我表达的机会，让其在交流中主动内化价值观。建构主义学习理论认为学习是个体在已有认知图式基础上与他人协商的结果。思想政治教育工作者在价值引导过程中给予高等院校学生自我表达的机会，不仅能够发挥其学习的能动性，还能让高等院校学生在与人对话的过程中内化价值观。

二是树立一元主体与包容多样的引导理念。基于思想政治教育的自发性、开放性，高等院校学生会接受多元价值观，这会产生信仰危机。这就需要思想政治教育工作者树立一元主导与包容多样的引导理念。一方面，思想政治教育工作者要坚持社会主义核心价值观的主导地位。社会主义核心价值观是基于我国改革发展的内在需要提出的，符合当今世界发展的潮流，是对我国社会文化体系和个人行为起支配作用的价值观。高等院校学生在思想政治教育中习得多种价值观，某些消极价值观会让高等院校学生迷失方向，产生错误的价值选择和判断。这就需要思想政治教育工作者将社会主义核心价值观贯穿到价值引导的全过程，增强高等院校学生的价值选择和判断能力，从而维护国家意识形态安全。另一方面，思想政治教育工作者要坚持"一元"与"多样"同行。包容多元价值观是社会发展的需要，也能让高等院校学生通过思想政治教育实现自由全面发展。社会中存在主次有别、层次分明的价值系统，这为高等院校学生提供了价值选择的自由度，也能发挥社会各方面的积极性。只有包容高等院校学生在思想政治教育中习得的各种积极价值观，社会主义核心价值观才能发挥作用。然而，包容多样并不意味着没有底线，一味地宽容可能会使高等院校学生失去价值判断能力和选择能力，误入歧途。宽容应当是既坚持社会主义核心价值观的主导地位，又将各类低层次价值观转化为高层次价值观，保持不同价值观之间的张力，达到协调和互补。高等院校学生在思想政治教育中习得的价值观念是多元化的，思想政治教育工作者要在坚持社会主义核心价值观为主导的基础上，尊重和发扬高等院校学生习得的积极价值观，并努力实现低级层次价值观向高级层次价值观的转变。

三是树立泛在引导理念。思想政治教育过程是泛在的，学习者随时随地可利用身边的资源进行学习，这就要求思想政治教育工作者在进行高等院校学生价值引导时，要树立泛在学习的引导理念。其一，思想政治教育工作者要构建高等院校学生价值引导的泛在场域，实现学校场域与社会场域的无缝对接。高等院校学生可通过学校学习得到价值观，还可通过思想政治教育习得价值观。高等院校学生价值引导既要突出学校的价值引导作用，又要强化思想政治教育中的各引导者的价值引导功能，实现价值引导课堂内外、线下线上的无缝衔接。其二，思想政治教育工作者要实现价值引导资源的共享。思想政治教育强调以学习者为中心，凸显了学习者的主体性和能动性。只有实现资源共享，才能满足学习者的需求，凸显其主体性。这种资源的共享包括高等院校学生对价值引导信息、知识、意义以及精神的共享，在共享的过程中可生成多样化的价值引导资源数据库，最终拓展成为价值引导资源链。

（二）立足生活设计价值引导产品

思想政治教育内容的开放性与高等院校学生价值引导视野的有限性形成反差，这就需要突出价值观引导内容的开放性。思想政治教育内容的开放性表现为来源渠道多样，主要包括家人、朋友、各类传媒等，不具备结构化特征，要突出价值引导内容的开放性需媒介立足社会生活生产、高等院校学生价值引导产品内容。

立足生活设计价值引导产品有两方面优势。一方面，它能满足高等院校青年学生的利益诉求。立足生活设计价值引导产品能满足高等院校青年学生的利益诉求，使其感受到主流价值观的实践意义和价值，构筑主流价值观认同的基础。另一方面，它能提高高等院校青年学生对价值引导产品内容的接受度。"在各种不确定的情况下，有一点是可以永久参照的，那就是教育与个人经验之间的有机联系。"价值引导要为高等院校青年学生所接受需激起其内部心理活动的变化，而不是将其看作一个容器进行一味地灌输。立足生活设计价值引导产品能激发高等院校青年学生的共鸣，从而提高价值引导的实效性。

立足生活设计价值引导产品，首先需取材于高等院校学生社会生活。一是相关主体要充分挖掘社会生活中有关价值引导的主题和素材。例如，高等院校学生社会志愿服务活动蕴含了社会责任感、奉献精神等积极价值导向，相关人员挖掘高等院校学生社会志愿服务活动中的素材能够引导高等院校学生树立正确的价值观。二是相关人员要按照高等院校学生生活的逻辑来组织价值引导产品内容，而不是从知识的逻辑出发设计。以往的内容安排不紧追高等院校学生的生活，甚至出现与高等院校学生的社会生活背道而驰的现象，降低了价值引导的实效性。三是相关人员要对高等院校学生的社会生活领域进行全方位审视，将以往未纳入价值引导产品内容范围之内而又富有引导意义的领域重新纳入价值引导视野中去，避免价值引导产品内容的单面化。

总而言之，价值引导产品内容要在思想政治教育场域中吸引高等院校学生的注意力就必须取材于社会生活，要从学生实际生活选取价值引导产品内容，按照生活的逻辑来组织，真正实现价值引导从生活中来并为生活服务的目的。立足生活设计价值引导产品，其表述要符合高等院校学生的认知图式。建构主义学习理论认为图式是对动作经验的保持，由于个体经验的不同，图式也会不同。个体的认知发展是围绕认知图式展开的，学习者更乐于学习与自身学习图式具有关联性的内容。高等院校的社会生活境况不同，认知图式也会有差异。为此，价值引导产品内容的表述要根据高等院校学生的认知图式进行话语转换，从而发挥高等院校学生的主体性，能够利用已有的认知图式主动建立与新知识的交互作用，从而改造原有的价值体系，自主建构符合国家和社会发展要求的价值观，实现自我引导。

一方面，相关人员要将理论语言通俗化，采用高等院校学生喜闻乐见的话语表达价值引导产品内容。当前价值引导产品内容的表述（如社会主义核心价值观）有高度的凝练性，距离高等院校青年学生理解能力的"最近发展区"还比较大，要实现价值引导产品内容的入脑入心，需找准高等院校青年学生的认知图式的契合点，促进价值引导话语的创新和发展。另一方面，相关人员要运用多种符号系统，丰富价值引导产品内容的表述方式。认知图式理论认为，图式不是单个起作用的，它是一个综合作用的系统，人的图式的综合性要求我们超越传统的仅靠文字传递价值引导产品内容的形式，运用新媒体、互联网等信息技术，采用图像、音频、视频等多样化的方式传递价值引导产品内容，以满足高等院校青年学生多样化的需求。

（三）高等院校要综合传统与现代

思想政治教育的方法是多样的，目前单一式的价值引导方法不能满足高等院校学生多样化的需求，这就需要高等院校综合运用传统与现代的价值引导方法。

高等院校要用好传统价值引导方法。理论说服、舆论引导、榜样引领等都是高等院校传统价值引导方法，这些引导方法同样能解决高等院校学生思想政治教育中的价值引导问题。理论说服从外部将正确的价值观灌输给高等院校学生，能发挥引导者的主导作用，消除思想政治教育自发秩序带给高等院校学生价值引导的负面影响。舆论引导是高等院校依据一定的价值规范，使高等院校学生价值观发生转变。这种价值引导方法不仅能实现主流价值观的引导功能，还能引导高等院校学生的社会生活。榜样引领与思想政治教育中的观察学习一致，能在潜移默化中感染高等院校学生，使高等院校学生形成正确的价值观。

在运用好传统价值引导方法的基础上，高等院校还需要运用高等院校学生思想政治教育活动的各项资源，对价值引导方法进行创新，以适应时代发展的要求。

一是要利用各项文艺创作类活动进行价值引导。文艺类活动是高等院校学生思想政治教育的重要方式，一些西方学者认为文化具有濡化作用，即文化具有习得性，其贯彻人的一生并能塑造人格，马克思主义经典作家也认为文艺具有育德的作用。因此，高等院校可通过文艺创作类活动进行高等院校学生价值引导。当前，利用该方式进行高等院校学生价值引导已有一些经验典型。齐鲁工业大学举办以陶瓷窑变花釉和书法为载体的文化创作活动，在活动过程中不仅有专业教师进行指导，还有思政课教师引导学生挖掘其中的思想政治元素，通过文艺创作活动引导高等院校学生树立正确的价值观。无锡工业职业技术学院则通过相声进行价值引导，该校的金山相声社结合时代热点进行剧本创作，以说相声的方式传播核心价值观内容。

二是高等院校要利用好互联网的优势，运用好观察示范法进行价值引导。互联网是高等院校学生思想政治教育的主要阵地。"互联网+"背景下，示范的形式增加、效果增强，可运用示范学习法进行高等院校青年学生价值引导。首先，高等院校要利用多样化的示范形式吸引高等院校学生对核心价值观信息的注意。观察学习理论认为决定注意的因素包括示范活动的特征、观察者的特征以及人们互动的结构安排。"互联网+"背景下，云计算、虚拟技术、网络视频等新技术不断发展，这使得信息的示范变得扁平化、图像化、去中心化，极大增强了信息的吸引力。高等院校学生思想政治教育价值引导需借助这些新技术，将价值引导内容融入虚拟技术、网络短视频等中，从而为高等院校学生不断输入核心价值观信息。

三是高等院校要运用好大数据，建立价值引导信息数据库，实现价值引导信息的精准化推送。新时代是大数据时代，高等院校学生作为网络原住民，他们在利用网络与外界进行交往的过程中会留下大量数据碎片，高等院校要用这些数据碎片构建高等院校学生的画像模型（画像模型主要包括大学生的个人情况、兴趣爱好等）。根据这些画像模型，高等院校建立价值观个性化学习资源数据库，为高等院校学生的价值观个性化学习提供资源支持。此外，高等院校要运用好算法推荐功能，根据高等院校学生的画像模型，主动推送适合高等院校学生的价值引导内容，实现价值引导的精准化。

（四）建设主旋律文化环境制度

主旋律文化是主流意识形态所倡导和推行的文化，承载着主流价值观，能为人民服务、为社会主义建设服务。在文化多样化时代下，思想政治教育场域内存在多元文化、多种社会思潮，多种文化"力量"交汇，具有弱化主流价值观的风险性。这就迫切需要政府弘扬主旋律文化，构建弘扬主旋律的文化环境，发挥文化育人的作用。

制度建设增强人的积极性和创造性，要构建弘扬主旋律文化环境需要制度做支撑。一是政府要加强文化产品生产立法，从源头上构建弘扬主旋律文化环境。社会主义市场经济环境下，有些文艺作品存在见利忘义的问题，被市场所绑架，一味迎合受众的心理，重视受众的感官享受，却忽视受众的精神需要。这些低俗、庸俗、媚俗的文化产品充斥着思想政治教育场域，会给高等院校学生带来错误价值观。为此，政府要通过立法限制低级趣味的书刊、音像制品等的出刊和发行，扶助弘扬主旋律的文化产品的生产和制作。二是要优化文化市场的监管制度。"互联网+"时代，网络开发、互动等特点给低级趣味文化的传播提供可乘之机，网络思想政治教育场域参差不齐的文化产品会误导高等院校学生的价值观。为此，要优化文化市场的监管制度，净化网络文化环境。一方面要发挥市场主体、社会组织、行业组织等的协同治理作用。政府要转变监管角色，从全能监管者变为调控者，建立开放的沟通环境以促进各文化生产主体的充分博弈，避免传统监管方式损害多元主体利益。各文化生产主体也要履行责任，加大监管投入，参与文化市场治理。行业组织要履行行业规则、标准、公约的制定职责，引领文化市场监管。同时，要完善信息共享和反馈机制，发挥中介作用。另一方面，要明确内容标准，实现分类管理。由于内容对应的行为缺乏具体的界定标准，导致内容审核较随意、主观，这就需要明确内容标准，实现分类管理，做到内容监管有理有据。三是完善文化产品评价体系制度建设。主旋律文化是为人民服务的、为社会主义建设服务的，在对文化产品进行评价时，要将其是否能为人民服务、为社会主义建设服务作为最高标准，要将群众评价、作家评价和市场检验结合；要完善评价机制，确保评价机制的公平、公正、公开，要将评奖的种类精简，从而提高文化产品评价的权威度和公信度；针对票房、收视率以及发行量等要进行合理地设置；对文化企业的评价不能仅看经济效益，还要注重社会效益，经济效益要与社会效益同行。

（五）专业课教师要注意工作格局的构建

思想政治教育泛在性指出高等院校学生价值引导过程存在缺失，为此，专业课教师要构建"大思想政治"与社会"大课堂"相结合的工作格局。

专业课教师构建"大思想政治"与社会"大课堂"相结合的工作格局，要自觉提高价值引导能力。专业课教师是高等院校学生价值引导者，承担着育人责任。为此，专业课教师要从四个方面提高价值引导能力。其一，专业课教师要明确育人任务。价值观存在于高等院校学生生活的方方面面，高等院校学生价值迷失问题的发现与引导不仅需要依靠思想政治课教师，还需要专业课教师。专业课教师不仅要明确专业课程育才功能，还应发挥其育人功能。高等院校学生处在价值观形成的关键时期，专业课教师在专业教学过程中要注重价值引导，将高等院校学生培养成合格的建设者和接班人。其二，专业课教师要加强政治理论学习，自觉提高马克思主义理论素养。过硬的政治理论水平是价值引导的前提。专业课教师除系统地参加学习外，还要自觉阅读马克思主义经典著作，通过"学习强国""人民日报"等客户端提高政治理论水平。其三，专业课教师要挖掘专业课程中的价值引导元素，优化教学设计。课堂教学是价值引导的重要方式，专业课教师要结合专业特点，根据价值引导的目标，挖掘高等院校学生价值引导的元素，在潜移默化中进行高等院校学生价值引导。例如，在人文社科类课程中，可进行中华优秀传统文化、红色文化的渗透，帮助高等院校学生消解价值困惑，引导高等院校学生认同社会主义核心价值观。在自然科学类课程中，专业课教师要结合科技发展背后的故事，向高等院校学生传递老一辈科学家团结协作、无私奉献、忠于国家的精神，引导高等院校学生为社会主义现代化建设服务。其四，专业课教师要掌握学生的思想动态，在良性互动中提升价值引导效果。专业课教师要通过线上线下混合式教学、线上访谈等了解高等院校学生价值困惑，并进行及时引导。专业课教师还要鼓励高等院校学生参与社会实践活动，在社会实践中引导高等院校学生树立正确的价值观。

第二节　高校思想政治教育具体实践途径

一、教育主管部门要优化课程管理制度

教育部门是一个国家专门负责教育的主管部门。我国的教育行政部门分为中央教育行政部门和地方教育行政部门。对于高等院校的教育来说，既需要中央行政教育部门的统一指导，又需要地方教育行政部门根据地方实际来进行规划和设置。对于当前高等院校思想政治课教学来说，教育主管部门需要做好以下几个方面的保障工作，以便增强该课程的重视度和保障该课程的顺利实施。

（一）提高课程重视度

教育主管部门要从思想层面和行为层面给予思想政治课足够的重视，通过提高高等院校思想政治课的比重和变革现行考试制度，提高人们对该课程的认识和重视度。长期以来，高等院校思想政治课在学校、教师、学生、家长心目中的地位还是不高的，狭隘认识制约着思想政治课功能和作用的发挥。所以，提高思想政治课的课程地位是解决"不重视"问题的关键。教育主管部门首先要在制度层面和理论层面提高该课程的重视度和地位。在具体实践过程中的地位，还需要在一些新方案实施一段时间后再继续考察，并且还得根据考察结果来分析是否有利于改变该课程现行的教学现状。

（二）变革现行的考试制度

"不敢改"是因为现行的教育考试制度依旧以考查学生的理论知识的记忆为主，学生能背、能默写，在考试中就能取得好的成绩，教师如果进行课程改革，则短期内难以取得效果，在这期间教学的进度和学生的学习成绩都会受到影响，的学生的学习成绩又关乎教师个人的名誉、教学效果的评价以及职称等各方面的评定。

为了更好地实现思想政治课程"立德树人"的根本任务，各级教育主管部门应充分考虑改革现行的考试制度。首先，变革考试的方式，采用灵活多样的考试方式。以"笔试"和"平时表现"来评定学生的平时成绩和笔试成绩。"笔试"主要考查学生对学科基础知识的掌握程度。"平时表现"考查学生在整个学习过程的表现和学生运用知识解决问题的能力。例如，课堂参与情况，课后良好行为习惯的养成，违规违纪情况。"平时成绩"由教师通过每个学期对学生的观察给予评定，并将学生的平时表现成绩提供给教育主管部门，将平时成绩纳入成绩的评定中，通过"软硬兼施"的方式帮助学生形成良好道德品质，养成遵纪守法的行为习惯。其次，在"笔试"考核的内容和题型设置上，以基本观点的理解和运用为主，主观题和客观题的选择尽量与学生的生活相联系，难度要适中，尤其是主观题的设置要具有开放性，鼓励学生通过思考和创新发表自己的观点，言之有理即可得分。

（三）加大资金的投入

通过调研发现，许多高等院校，教学的硬件设施得不到保障，有些教室没有多媒体，有些教室虽然有多媒体，但出现故障之后一直没有资金维修。除此之外，一些高等院校在操场、厕所等学校公共基础设施的完善上还存在着很大的不足。

二、学校要完善课程教学管理工作

学校是有目的、有计划、有组织地向受教育者传授知识，培养符合社会要求的公民的一种特殊社会组织。学校是教师开展教学活动的载体，学校的教学活动、课外活动、校园环境、校园文化等因素对学生思想品德的形成和发展都具有一定的影响。学校的教学理念、教学管理制度、教学考核方式等都对教师教学产生一定的影响。教学评价体系不健全、校园文化建设不足等都是影响当前高等院校思想政治教学效果不佳的因素。因此，高等院校应该做好校园文化建设工作和构建合理的课程评价体系，以此来保障思想政治课的教学。

（一）不断完善课程评价体系

好的教学评价体系不仅能够提高教师的教学水平，同时也能够提高学生的综合素质。笔者通过调研发现，高等院校思想政治课的教学评价体系不完善，并且以学生考试成绩作为教学评价的唯一方式已经严重影响了教师教学的积极性，也导致了教师在教学中过于重视知识目标，忽视了教学的情感价值观目标和能力目标。为了提高思想政治课教学的实效，实现课标要求的教学目标，学校必须对思想政治课的教学评价体系进行完善，要构建一套有利于促进学生、教师和课程发展的评价体系。

第一，在学生的评价上要建立促进学生全面发展的评价体系。高等院校思想政治理论课与其他课程有所不同，它是以培养学生良好道德品质和相关法治知识为目标的，其目的在于促进学生健康成长。所以对学生学习效果的评价不能以考试分数作为唯一的标准，而是要考察在整个学习过程中，学生思想和行为的变化情况。因此，对于学生的评价要从评价目标、评价内容、评价主体、评价方式等方面做出具体的规划。在评价目标上，要淡化之前中学阶段"应试教育"影响下的甄别和选拔功能，要更加关注学生的需要，突出评价的激励和调控功能，使学生能够通过教学评价，发现自身存在的问题，总结经验教训，及时调整学习策略、改进学习方法、增强学习的自觉性；在评价内容上，改变过去只重视知识目标的评价，忽视情感态度价值观和技能上的评价，评价内容要综合化，让学生清楚自己哪些方面有欠缺和不足。教师可以从学生学习态度的转变、交流合作的积极性、课堂参与的积极性、学生道德行为的转变等方面做出评价；在评价方式上，要改变以往"一考定性"的教学评价模式，评价不仅要关注结果，更要关注发展变化的过程。在学生道德品德的形成和发展过程中，要经常、及时、动态地实施评价，将形成性评价与终结性评价结合起来，并且要更加注重发展过程中的形成性评价，评价的方式尽可能多样化。在进行形成性评价时，要尊重学生的差异和个性特点，以学生自身的状况为基点，进行横向和纵向的比较，发挥评价的激励作用，增强学生的自信心，强化学习动机，让学生在现有基础上得到发展。在评价方式的选择上，教师可以充分利用访谈、观察和成长记录袋等方式来记录学生品德形成和发展的过程；在评价主体上，要注重评价主体的多元化，要从单向的教师评价转向多主体评价，建立起教师、家长、管理者、学生之间共同评价的评价制度，尤其要重视学生之间的相互评价，以及家长对孩子的评价。

第二，在对教师的评价上建立发展性教师评价体系和激励机制。在对教师教学的评价上也要将终结性评价与过程性评价相结合，并且要更多地关注过程性评价。要看到教师在教学中所做的努力和存在的不足，对于积极开发课程资源、丰富教学内容、利用多种教学方式和方法激发学生学习兴趣、提高学生课堂参与性的教师，要及时地给予鼓励和支持，对于在教学过程中"照本宣科"的教师，要及时地提出教学改进的建议，促进教师在教学过程中不断地提高自身的教学水平。除此之外，在教师评价的方式上可以采取教师自评、教师之间互评、学生评价等多种方式，激发教师的教学积极性和创造性。

（二）拓展实践教学平台

第一，要结合本地方的特色和实际情况，开展多样特色的校园文化活动来辅助思想政治课教学的开展。结合传统文化、红色文化等开展文化大课间操、节日活动，举办一些爱国主义、民族团结、诚信、理想、孝道等与思想政治课程内容相关的演讲比赛、知识竞赛等活动，增强学生的自主参与意识，开设文化社团，丰富学生的校园文化生活。例如，有的高等院校就开设了民族社团，自社团开设以来，社团中的民族文化活动大大激发了学生的兴趣和参与度。

第二，学校要结合本地方的现实条件，拓展校外教学实践平台，组织一些相关的校外实践活动，让理论与实践相结合，使学生在实践中感受和体会所学知识，丰富学生的课外生活。例如，与本地方的博物馆、抗战纪念馆、民族英雄故居、民族文化遗产传承中心、法院、社区等一些社会机构建立共同教育平台，定期带领学生实地参观和考察。如果没有这些实践教学平台，则可以利用自身优势，带领学生走出校门，参与社区服务，带领学生参观大自然的美好风光，让学生感受大自然的魅力，感受生命的多样性。

（三）注重课程课时的分配

课时保障是教师开展课程教学的条件。课时保障不足，教师在教学过程中就不能很好地对教学内容进行分析和讲解。在高等教育阶段，思想政治课是中高等院校对学生进行思想政治教育的关键课程。因此，学校必须重视思想政治课，在课时分配上，要合理地分配好思想政治教育的课时，既不能影响其他课程的教学，同时也要保障本课程的教学。

（四）创建良好的教育环境氛围

增强思想政治教育工作吸引力、感染力，创建良好的教育环境氛围是非常重要的一个环节。思想政治教育氛围的营造，既依托于必要的硬件建设，也离不开多样的制度建设。以某高等院校为例，主要通过加强上墙文化、事务栏、荣誉室（墙）、公共媒体等四种方式开展氛围营造工作。

展板、橱窗、宣传条幅等宣传符号是最为常规的氛围营造方式。通过科学的设计编排，与重要教育内容相互呼应，有助于学生掌握教育的重点和精髓。以某高等院校为例，2019年，在其工作场所共布设有两个橱窗展示栏四个展板展示区，挂设有两个条幅。橱窗分别展示的是庆祝中华人民共和国成立70周年和年度主题教育的内容。四个展板分别展示的是学校近五年发展目标、校训、年度工作思路以及重要讲话。条幅是一些有趣的标语。通过上墙文化，将环境与思想政治教育工作有机结合起来，在潜移默化中实现思想政治教育的目的和效果。

事务公开栏也是一个学校各类基层事务的主要场所，也是学生最为关注的场所之一。事务公开栏与上墙文化相比，因其可随时更换的特点，流动性强，更易于展示一些时效性较强的内容。有不少高等院校为党建或思想建设开辟了专门的位置，主要展示心理健康教育学习资料、教育活动计划、与教育相配合的人员承诺书，等等。

此外，利用好荣誉室（墙）也是十分必要的。思想政治教育工作需要时间的积淀和实践的考验，需要在一代代学生的薪火相传中锤炼，所以精神的传承对于学生来说有着更为深层次的意义。各高等院校都不同程度地建设有荣誉室或荣誉墙，这是高等院校思想政治教育工作最生动、最接地气的活教材。以某高等学校荣誉墙为例，主要设计的功能模块有学校简介、历史沿革、主要荣誉、未来展望四个部分，充分展现了一个学校的历史脉络、先进典型等内容。在一些重要的时机，组织学生定期参观荣誉室（墙），了解学校文化，可以提升学生对学校的认同感，激发学生的积极性和主动性。

最后，凸显公共媒体的宣传作用。利用新闻广播、新社交媒体等方式开展思想政治氛围的营造，包括典型人物事迹宣扬、思想政治教育工作开展情况介绍等，采用媒体方式的思想政治教育氛围营造好、传播性好、受众面广，能起到事半功倍的效果。例如，有的高等院校制作了四期"人物风采"系列活动，选取了四个主题，分别是"年轻教师骨干系列""学生学校生活""家庭系列""优秀学生系列"，在"我们的天空""学习天地"等媒体公众号上发表了与主题相关的文章，让更多的人了解到学生学习和生活的点滴，为提升学生荣誉感提供了有效途径。

在与学生进行交流时，大家普遍认同此类宣传模式，一个学生说道："看到新闻上同学的故事，就好像看到自己一样，感同身受，特别愿意把新闻转出去，让更多的人看到，更好地了解我们。"同时，通过公共媒体进行氛围营造时要特别注意保密隐私的问题，防止发生侵犯隐私的事情。

（五）与家庭教育相结合

高等院校不仅承担着育人的主要任务，还是思想意识形态工作的主阵地，同时高等院校是学生生活、学习的主要场所。因而高等院校必须将时代发展、社会需求和大学生发展需要相结合，其思想政治教育应当有与家庭教育进行衔接的意识，在强化家庭教育指导、深化家庭教育理论研究的同时重视优良家风、家训等内容的宣传，有效地组织学生开展家风家训主题实践活动。这样以家庭教育为新的触点，切实完成好高等院校促进大学生思想政治素质提高的任务。

第一，高等院校思想政治教育应坚持理论与实践相结合的原则。以大学生为主体，以家庭教育有关的经典故事为题材开展校园文化活动来传播优秀家庭教育思想，营造传播优秀家风家训文化的氛围，使学生在高等院校校园文化活动中感受到优秀家庭教育的潜在育人作用，感受到优秀家庭教育的魅力。也可以定期组织大学生观看经典纪录片，让大学生了解优良家风家训，促使大学生感受到教育对人成长的作用，增强大学生对家庭教育重要性的认识。

第二，高等院校要以提高学生思想道德素质为目的，将优秀家庭教育中的经典故事及精彩情节整合起来，编写出有利于大学生成长的优秀家庭思想政治教育材料。其次，要深化对优秀家风家训课程的建设。优秀家风家训课程有助于大学生身心发展。高等院校可以在思想政治教育课程设置的过程中兼顾优秀家风家训课程的设置，这样有助于大学生吸取优秀传统文化知识，从思想道德方面对学生进行教化。最后，高等院校可以利用高等院校自身的优势成立家庭教育思想政治理论宣讲团，普及家庭教育的基础知识、科学且实用的家庭教育方法，助力家庭建设，持续燃起家校思想政治教育明灯，强化家校思想育人效果。

三、社会要营造良好的教育环境

（一）加强经济的助力

经济基础决定上层建筑。地区教育事业的发展需要经济基础给予支持，只有地区经济不断发展，学校的教学基础设施才有保障。只有地区经济不断发展，提供一定的就业岗位，大学生的就业率才会上升。对于一些地区来说，要加强地区特色产业的开发力度，发展经济，促进地区农村经济的发展。除此之外，政府部门要加大对经济贫困家庭的救助，帮助困难学生顺利入学，将扶贫与扶智相结合，整体上提高我国人民的综合素质。政府部门一定要善政，加快地区经济发展的脚步，从根源上减少地区教育问题，与家庭、社会、学校共筑保障大学生的合力，关注大学生的良好发展。

（二）纠正社会不良之风

在尊重各地文化和习俗的基础上，加快推进移风易俗工作，纠正地区不良之风。首先，要加强法制宣传教育。一些社会上的人员文化程度普遍不高，法制观念淡薄。因此，司法机关、公安部门等要加强法制宣传教育，增强人们的法律意识，维护社会秩序稳定，给高等院校思想政治课营造良好的社会环境氛围。其次，要根除社会上的一些"重男轻女"的思想，通过宣传男女平等的思想，为女孩争取平等的受教育机会，减少大学生中女生就业受歧视等现象的发生。再次，要化解"新读书无用论"思想的危害，让人们正确认识读书对于社会与国家发展的重要作用，以及读书对于边远贫困家庭大学生的重要作用。最后，要注意纠正社会上的不良之风，如赌博风、酗酒风、迷信风等。除此之外，还要抑制当前社会存在的不诚信之风，为思想政治课教学营造良好的社会环境。

（三）优化网络文化

网络是一把双刃剑。为了给大学生营造良好的网络学习环境，发挥网络对高等院校学生进行思想政治教育的重要作用，加强网络文化建设刻不容缓。首先，要加强网络文化内容建设。网络文化内容要真实，要坚持正确的舆论导向，弘扬主流文化价值观，服务于人们的精神文化需求。其次，要加强网络监管与治理。加强对网络上垃圾邮件、色情网站、网络诈骗、网络游戏的监管，对一些不良网站和非法网站坚决取缔，依法管理。最后，学校要建立校园网，为教师和学生提供教学和综合信息服务平台，从学校层面筛选网络信息，阻挡非法网络信息，建立起多层防护的网络安全体系。同时，要善于利用学校官方网络平台对高等院校学生进行道德教育和法治教育。例如，在学校官网、微信公众号、抖音、微博等互联网平台上，发布一些与思想政治教育课程教学相关的活动，也可以拍摄一些具有启发性的视频放在平台上供学生学习。

四、发挥思政课教师的主观能动性

习近平总书记指出，办好思想政治理论课关键在教师，关键在发挥教师的积极性、主动性、创造性。为了更好地促进思想政治理论课的改革创新，习近平总书记提出了"六个要"与"八个相统一"的要求。从思想政治课改革创新的角度来看，"六个要"与"八个相统一"的主体都是思想政治教师。"六要"是对思想政治教师个人应具备的素养提出的要求。"八个相统一"是指思想政治课改革创新需要坚持的八个方面，强调思想政治教师在发挥自身主观能动性创新思想政治课时，要坚持这八个具体方面的要求。结合习近平总书记对思想政治课建设和思想政治教师的要求来看，高等院校思想政治课在其他条件有保障的基础上，提高课程教学效果的关键在于教师，教师是教学的关键，同时也是建构教育主管部门、家庭、学校、社会、教师五者教育合力的关键。因此，对于高等院校思想政治课教师而言，需要从准确地认识自己的社会角色和职责、转变教育理念和综合素养、发掘和丰富课程教学内容、改进与完善课程教学方法等方面来发挥自身的主观能动性，将高等院校思想政治课的教学效果的提高置于课程教学的关键，帮助高等院校学生正确地认识个人、社会、国家三者之间的关系，帮助高等院校学生养成良好的道德品质和增强法治素养，帮助他们健康成长，做社会主义合格的建设者和接班人。

（一）准确定位职业角色和履行职责

角色是人们对具有特定身份的人的行为期望。国外的一些人认为"教师是人类灵魂的工程师"。我国从 20 世纪 90 年代开始对基础教育进行改革，并于 2001 年 6 月颁布了《基础教育课程改革纲要（试行）》。政治课教师的角色定位就是要明确政治课教师的职责，应该做什么、必须做什么以及怎么去做的问题。思想政治教育教师的角色定位，既是学生思想政治教育实现的要求，也是教师自身发展的内在要求。

1.准确定位职业角色

教师观的主要内容包含着两个方面：一是教师角色的转换，二是教师行为的转变。从现代教师的角色转换来看，教师要由知识的传授者转变为学生学习的引导者和发展的促进者，要由课程的执行者变为课程的建设者和开发者，要由"教书匠"转变为教学的研究者和开发者，要从学校的教师转变为社区开放型的教师。思想政治课教师除了要遵循现代教师观的角色转换要求外，还要根据课程的特点对自己的职业角色进行定位，思想政治课教师的角色定位主要有以下几个方面。

第一，学生学习的引导者和发展的促进者。"传道授业解惑"是自古以来人们对教师的角色定位。然而，由于人们认识的局限性，教师的角色定位往往局限于知识的传授者。这样的角色定位使课堂教学出现"满堂灌"和"一言堂"的教学现状，学生学习的主体性地位难以发挥。新课程改革要求教师要引导学生开展自主、合作和探究性学习，引导学生通过调查、讨论、辩论、访谈提高自主学习、合作学习以及探究学习的能力，激发学习兴趣，锻炼和提高高校学生分析问题和解决问题的能力。

第二，思想政治教育的先行者和道德行为的示范者。高等院校思想政治课是对大学生进行思想政治教育的主阵地，课程的性质和目的决定了思想政治教育教师是思想政治教育的先行者和道德行为的示范者。高等院校学生思想政治素养的形成一般经过依从、认同和内化三个阶段。有效的说服、树立良好的榜样、群体约定、奖励与惩罚、价值辩论等，都是促进高等院校学生形成良好思想政治素养的方法。但对于高等院校思想政治课教师来说，最好的道德教育莫过于"言传身教"。"言传身教"是思想政治教师的基本素养，思想政治教师的一言一行都会对学生的成长产生一定的影响，尤其是对于高等院校学生来说，教师的行为就是他们做人做事的一面镜子，教师的一举一动都会对他们产生强大的感召力和说服力。因此，思想政治教育教师要时刻谨记自己是道德行为的示范者，要为学生树立好道德榜样，让自己的一言一行都具有感染力和可信性。

第三，学生价值观念的引领者和健康成长的呵护者。在信息多元化的时代，人们的价值观念具有多样化的特点。高等院校学生心理发展不成熟，信息辨别能力弱，一些不良的信息会扭曲学生的价值观。"价值观念是人们对于什么是好（坏）、利（害）、善（恶）、美（丑）的看法。"在价值多元化和价值冲突不断加剧的时代背景下，思想政治教师要坚定自己的理想信念，树立正确的价值观念，弘扬时代的主旋律，传递好"真、善、美"的价值观念，要给学生的心灵埋下真善美的种子，做学生价值观念的引领者。为此，教师在引导学生树立正确价值观时，要尽量运用分析、比较、甄别的方法让学生在分析各种利弊的基础上，做出符合自身和时代要求的价值判断和价值选择。除此之外，高等院校学生的情绪情感非常敏锐，如果得不到有效的引导，学生在一定程度上极易出现心理健康问题。思想政治课教师要关心和爱护学生，做学生的朋友，学会倾听，做学生健康成长的呵护者。

2. 积极履行职业职责

教书育人是教师的天职，是教师的基本工作要求，更是教师的基本使命。作为落实立德树人根本任务的关键课程，高等院校思想政治课对高等院校学生起着政治引领和价值引导的作用，对高等院校学生的健康成长至关重要。高等院校思想政治课教师在明确自己的职业角色之后，要自觉地履行自己的职业职责，担负起立德树人的重任。

我国高等院校教师的道德品质和职业基本行为有具体的规定，总结起来有六条，分别是爱国守法、爱岗敬业、关爱学生、教书育人、为人师表、终身学习。目前，由于面临特殊的教学环境和教学对象，一些思想政治课教师出现了职业倦怠的现象，教师在教学中只是单纯地完成学校交给的教学任务，很少管学生，教学的积极性和信心都存在着不足。在访谈中，一些教师谈道，刚开始工作时，对教学工作信心满满，认为自己能够帮助学生改变不良的行为，但工作一段时间后，发现自己的付出没有收获，渐渐地自己也不想管学生了，况且自己也管不住学生。作为一名思想政治课教师来说，无论面对什么样的教学环境，一定要学会调整心态，积极履行自己的职业职责，勤恳敬业，乐于奉献，关心和关爱学生。

关心和关爱学生既是教师掌握学情的基本方法，也是教师了解学生需求的重要途径。高等院校学生正处于情绪情感的敏感时期，心理问题和不良行为的高发期。对于思想政治教育教师来说，一定要加强与学生的沟通和交流。结合笔者自身的教学经验，笔者发现，越是个性的大学生，他们越想获得老师的关注。所以，教师只有加强与这些学生的沟通交流，了解他们内心的真实想法，才能找准"失范行为"发生的根本原因。思想政治课教师要给予他们特殊的关照，积极地引导，不能不管学生。

（二）转变教学理念和提高综合素养

1. 转变应试教学理念

高等院校思想政治课教师要顺应教育的要求，从思想上克服一些应试教育的不良影响，牢固树立素质教育理念，正确认识思想政治课在学生成长和发展中的地位和作用，转变重知识、轻实践的教学理念，使学生在知识掌握、技能学习、实践能力、道德观念、责任感等方面全面提升。教育不能脱离生活而存在，要服务于生活，要服务于社会，教和学都要以"做"为中心。部分高等院校学生的知识基础薄弱、不重视学习、学习态度不端正、道德行为失范。针对这样的现实情况，改变学生的学习态度，引导学生树立道德意识和法治观念，规范学生的道德行为是重中之重。只有加强对学生道德意识和法治观念的引导，高等院校学生的辍学、逃课、打架等问题才能得到真正的解决。

也只有这样，才能发挥思想政治课促进学生健康成长，维护社会安定和谐的社会秩序。因此，高等院校思想政治课教师要坚持该课程的基本教学理念，逐渐弱化应试教育对教学的影响，以学生为本，做好教学工作。

2. 提高综合素养

教育者必先受教。俗话说"教师要给学生一杯水，教师自身就需要一桶水"。然而，对于当前的教学来说，教师仅仅只有一桶水是远远不够的，教师需要有源源不断的水，只有这样，才能结合时代要求，传授给学生知识。教师加强学习是教师专业成长的"保鲜剂"，教师在教学中要学会反思，正确认识自身存在的不足，要经常给自己"充电""蓄能""补钙"，要树立"活到老，学到老"的终身学习理念。教师教学水平的高低影响着课程的教学效果，也影响着整个学校的教学水平，更关系到整个国民素质的提高。优秀的师资力量是学校教学工作顺利开展的保障。目前，一些高等院校的优秀师资力量不足，思想政治课教师在专业素养和教育教学素养等方面还存在着不足。为了更好地适应"一专多能"的职业角色要求，思想政治课教师必须加强学习，提高自身的综合素养。

首先，要提高政治素养，坚定政治立场。对于一名思想政治教师来说，要具有扎实的理论基础，既要掌握思想政治学科所要求的专业基础知识，又要关注时政。当前，大多数思想政治教师法律知识欠缺，因此需要加强对法律知识的学习，补齐短板，掌握法治国家、法治社会的相关内涵，引导和帮助学生树立法治观念，让学生知法、懂法、守法、用法、护法。除此之外，思想政治课教师需要从其他学科中学习科学文化知识，紧跟时代发展要求，不断丰富自身的知识储备，可以从历史学、教育学、伦理学、法学、文学等相关学科的知识学习中拓展知识面，提升人文素养。最后，思想政治课教师要加强专业技能的学习。一名合格的教师不仅要具备扎实的专业知识和科学的文化素养，更要掌握一定的教育理论知识和教学技能。对于教育理论知识的学习，教师可以看一些关于教育学、教学心理学、课程教学方法论等相关书籍，也可以上网搜集国内外关于该课程的教学研究，吸取经验。对于技能的提升来说，教师可以从学科网、高等院校教学研究公众号等途径收集一些好的课件，观看一些优秀教师的教学视频，在教学中不断地探索适合自己的教学方法。

可以说，坚定理想信念，提高政治站位是每一位高等院校思想政治教师都需要遵循的准则。高等院校学生正处在"三观"形成的关键时期，思想活跃，更需要高等院校思想政治课教师正面的积极引导。当前高校面对复杂多元的外部环境和国内市场经济的影响，这就要求广大高校高等院校思想政治课教师在大是大非面前，要有明确的政治意识和灵敏的政治鉴别力。加强引导高等院校学生做中国特色社会主义的坚定信仰者，肩负起立德树人、铸魂育人的神圣使命。梦想要以梦想去点燃，高等院校思想政治课教师只有自身坚定政治理想信念、提高政治站位，才能在学生心中播撒民族梦想的种子。这就要求高等院校思想政治教师要怀有远大志向，涵养深厚的家国情怀，引导激励高等院校学生的爱国情感，争做一个坚定政治理想信念的高等院校教师。一方面，思想政治教师心中要满载国家和民族，主动将党的教育方针落实到教学管理工作当中。如将中国特色社会主义的政治制度、政党制度以及政治理念等传播给学生，以达到政治认同和公共参与的核心素养目标。另一方面，思想政治教师要做文化自信和自觉的忠实践行者，做社会主义核心价值观的积极传播者，为广大高等院校学生把好人生的"总开关"。如结合中华文化、中国精神和中国价值来培养学生的人文积淀和价值取向，感悟民族优秀传统文化，帮助学生发展成为有更高精神追求的人。

（三）发掘和丰富课程教学内容

课程教学内容的完善是思想政治课教师开展有效教学的重要方面。对于思想政治课教师来说，及时完善课程教学内容、开发课程教学资源是提高课程实效性和有用性的重要途径。对于高等院校思想政治课教学来说完全可以实现多样化的教材开发。高等院校思想政治课的教学内容除了要坚持国家统一的教学内容，还应该针对一些地区文化环境的特殊性、教学目的的双重性、政策特殊性、教育对象复杂性进行相应的调整。因此，教师需要深入分析教材，在吃透教材的基础上，充分发掘具有地区特色的教学资源，补充思想政治教育的相关内容。

1.深入分析教材内容

"教材是教与学的中介，是教学最重要、最基本的依据。对教材的分析和处理是确定教学目标、设计课堂教学、制定教学方案的前提和基础。钻研教材，核心是钻研教科书。"教师对教材的分析和钻研要达到"懂"和"透"两个境界。"懂"就是对教材的基本思想、内容、概念掌握准确。"透"就是对教材了解透彻，深刻掌握，熟练贯通，将教材的内容通过自己的理解和消化吸收，将其纳入自己的知识体系之中。相对于教材来说，教师不一定要按照教材设置的框题和题目的顺序来进行机械式教学，教师可以在把握教材主旨和学情的情况下分板块进行教学，将教材中前后相关的知识点整合起来，活化教材，对原教材进行再加工、再创造，对教材中烦琐、枯燥的知识和概念进行精炼。

2.充分挖掘地区特色教学资源

"教材是学生在校学习的主要资源，而非唯一资源；它是一种范例，但不是唯一的范例。"充分挖掘特色教学资源，丰富高等院校思想政治课教学内容，是由政策背景、复杂的教育对象以及新时代思想政治理论课改革创新的要求所决定的。随着高等院校间的联系越来越广、高等院校和地方的融合越来越多，"开门办教育"为高等院校思想政治教育工作提供了新的途径和方向。对于高等院校来说，很多时候一些教师不是专业的思想政治教育工作人员，对思想政治教育工作的理解和把握程度远远不及专业人士，所以多渠道联动，实现组教施教最佳化、质量效益最大化是高等院校教师最为需要的方法创新。

首先向社会延伸。坚持把眼光投向广阔的社会大舞台，利用社会丰富的教育资源开展学习，对于高等院校来说是较新的一种尝试，尤其是随着这些年各方面融合趋势的不断深入，利用社会资源开展思想政治教育成为思想教育的新手段，比如积极运用地方纪念馆、展览馆等教育资源，组织学生参观驻地城市发展、国防教育基地，使大家从生动实践中深切感知教育的内涵和要义。

其次向家庭延伸。充分考虑家庭、亲友对学生思想影响较大的因素，把与家庭沟通联络作为一项制度长期坚持，共同做好学生的思想政治教育工作。在评功授奖等重要时机适当邀请家属参与，见证光荣时刻、分享收获喜悦，增进学生对学校的归属感和认同感，增强思想政治工作的感染力。

再次是向文化层延伸。"布施行善，孝亲敬长"的家庭美德传统，"一家有事，全村相帮"的团结互助传统，"乐善好施"的友善观念，"非劳莫获，非己莫取"的规则意识，"一言既出，驷马难追"的守信观念，"以勤劳为美"的勤俭节约观念，"重情尚义，以礼待人"的交往观念，"尊重自然，敬畏自然，利用自然，保护自然"的生态价值观念等都是思想政治教育可开发和利用的教学资源。将文化与课程相结合，既体现了课程教学的统一性要求，又符合课程教学的多样性要求，在一定程度上也可以说充分体现了教学的实际。

（四）改进与完善课程教学方法

教学方法是完成教学任务、实现教学目标和提高教学质量的关键。教无定法，贵在得法。在新时代背景下，高等院校思想政治课教师要尽快地掌握和运用现代化教学手段，充分利用多媒体教学工具展示图片、视频、文字资料等方面的直观性和生动性，利用和发挥好学生的视、听等感官功能。在现代化教学工具的基础上，创新使用讲授法、案例教学法、讨论法、情景剧教学法和实践教学法，从教学方法的改进和创新上来提高学生课堂的参与度，提高学生分析和解决问题的能力，增强学生的情感体验，实现思想政治教育的效果提升。

1. 课堂教学方法多样化

当前，高等院校思想政治课教学方式和方法单一，学生学习兴趣不高，课堂参与性不足，要想改变这样的教学现状，教学方法的改进是关键，课堂教学的方式方法要多样化，要充分发挥学生的主体性作用。首先，要合理利用讲授法。讲授法是一种古老的教学方法，也是当前高等院校思想政治教育最常用的方法，主要是由教师通过自身对知识的理解，用口头语言系统连贯地将知识传授给学生的方法。讲授法过多地强调教师在整个教学过程中的作用，忽视了学生是学习的主体。讲授法具有传授知识量大、教学成本低、系统性强、适用范围广、教师易于掌控等优势。但讲授法不利于发挥学生的主动性，也不利于学生的个性发展，并且在当前的教学中，讲授法因为操作不当走入了"注入式"和"填鸭式"的教学困境中。对于高等院校思想政治课教学来说，不可能完全放弃讲授法。因此，教师要合理地利用讲授法，扬长避短，把握好讲授法的技巧，注重学生的参与性，改变"满堂灌"和"填鸭式"的教学模式。例如，在讲授"孝亲敬长""诚实守信""以礼待人""团结互助""勤劳节俭"等内容时，教师可以让学生分享他们自己的生活中关于这些道德要求的一些做法和谚语。

其次，善用案例教学法。案例教学法是教师根据教学目标和教学内容，选择符合教学内容和教学目标的教学案例来进行教学的一种方法。在教学中引用案例，能够让学生通过对案例的阅读、思考、分析、讨论，提高分析和解决问题的能力，增强情感体验，感悟知识。除此之外，利用案例教学法还可以增强师生之间的双向交流，能够有效避免"单向式"和"填鸭式"的教学模式，是对讲授法不足的有力补充。案例教学法的使用有四个步骤，具体内容如下。

第一步，精选案例。要结合教学内容和学情来选择教学案例，案例要具有典型性、针对性、启发性。呈现方式要根据教学需要，尽量多样化，视频、故事、历史事件、生活实际等这些都可以作为案例选择的对象。对于思想政治课教学来说，当地的爱国主义传统、优良道德规范、保护生态环境等方面相关的传统和现实事件，都可以作为思想政治课教学中的案例。

第二步，设疑激趣。结合知识点和案例，设置合理有效的问题，激发学生的学习兴趣，引导学生思考。例如，结合国家利益选取的案例，问题可以这样设置：请同学们结合案例，谈谈在鸦片战争和抗日战争中人们维护了国家的哪些利益？案例中人们为什么要奋不顾身地维护我的国家利益？国家利益和个人利益之间有什么样的关系呢？

第三步，组织讨论。课堂讨论是案例教学法的中心环节，在组织课堂讨论时，教师要根据班级学生的人数进行分组讨论，要把握好讨论的时间，分配好每个组讨论的任务，管理好课堂讨论的纪律，不能让讨论流于形式，或者成为学生谈论、讨论无关话题的平台，记录好学生的发言以及其他学生的评价观点。

第四步，总结归纳。对学生发表的观点进行分析，及时给予鼓励和肯定，发表自己对案例中问题的看法和观点，并且结合学生的观点，回归教学内容，对案例中所涉及的知识点进行总结。

第五步，巧用情景剧。情景剧教学法是教师根据教学内容和教学目标要求，指导学生通过情景剧表演的形式，将所要学习的教学内容以表演的方式展现出来。让学生在自编、自排、自演、自评的过程中学习知识。情景剧教学法相对于其他教学方法而言，具有直观形象、互动性强、感受性强、寓教于乐等特点，它能够激发学生的好奇心。将情景剧教学法运用到高等院校思想政治课堂教学中，可以将一些枯燥的道德说教和晦涩难懂的法律知识以一种直观、有趣、灵活的方式传授给学生，有利于提高学生自主学习能力、创新创造能力、艺术表现能力。同时，也能够提高学生之间的团队意识和团结合作能力。情景剧教学方法一般包括选题编剧、定角排演、课堂展示、总结反思四个步骤，情景剧教学法的使用具有一定的时间限制和章节限制。所以，教师在使用时要坚持间歇性使用的原则，不能滥用。对于理论性的知识很难掌握，这就需要教师用一些更为生动的教学方法来进行教学，情景剧教学法就是一种好的选择。

2. 丰富课外实践教学形式

实践性是高等院校思想政治课程的基本特性。实践教学法是指组织和引导学生参加各种社会实践活动，将理论与实际联系起来，让学生在实践中获取知识，感悟知识，增强情感体验的一种教学手段。国外的公民教育和道德教育都非常强调实践教学法的重要作用，无论是在课内还是课外，他们都开展了丰富多样的实践活动来增强学生的道德体验和情感实践。例如，新加坡、英国、美国都特别强调社区服务的教育作用，并且规定了学生参与社区服务的时间，这样的社会实践活动在一定程度上增强了学生的社会责任感。长期以来，我国的思想政治教育都特别强调理论灌输，忽视社会实践。高等院校的思想政治课当前也面临着过于重视理论灌输而忽视社会实践的现象，以致学生虽然掌握了一定的理论知识，但在面临真实环境和真实问题的时候，却不知道怎么做。

（1）校内实践

校内社会实践相对校外社会实践来说，开展起来比较安全和方便。为此，教师可以和学校商量，开展一些文化交流活动来丰富校内实践的形式，开展相关主题的演讲比赛、辩论赛、校园文明月活动、校园清洁活动、校园植树活动等方式来辅助思想政治教育课堂教学，增强教学实效。

（2）校外社会实践

学校和社会都是对人进行教育的基地，大学阶段的学生对社会充满了好奇，他们想融入社会生活，想验证课本中的知识与现实社会生活的差距。所以，在教学时应该让学生走出校门，体验社会生活，满足他们的好奇心，培养他们参与社会生活的能力和责任心，丰富情感体验。校外社会实践的方式有很多，教师可根据实际情况做出选择。一般而言，校外社会实践有以下几种方式。

第一，社会调查。社会调查是人们为了达到一定的目的，有意识地观察、分析、研究社会现象。高等院校思想政治教材有许多的知识点是可以通过社会调查的方式来让学生自己获取的。例如，在开展生命教育的时候，教师就可以让学生以"我们生活中的生命"为主题，让学生去观察生活中每个物种和每个生命个体的独特性，也可以让学生以"我是大自然的一部分"为主题，调查本地区在保护动植物、保护环境方面的成效和不足。

第二，社区服务。社区服务的实践教学方式在国外比较盛行，对培养学生的责任意识起到积极的作用，是值得我们借鉴的。开展社区服务的方式有很多，教师可以带领学生去养老院帮助老人打扫卫生、陪老人聊天、下棋等，也可以带领学生进入小区开展科普知识、健康知识、爱护环境卫生知识的宣传等。

第三，劳动体验。土地滋养和孕育着万物，农民的辛苦劳作为人们提供粮食来源。在当前的教育中，许多学生由于缺乏劳动体验，缺乏乡村生活体验，患上了"自然缺失症"，四体不勤，五谷不分。"让田间地头成为滋养学生身体和心灵的新课堂"，劳动体验不仅可以让学生获得劳动技能，也可以让学生在劳动过程中体会劳动不易，形成勤俭节约的优良道德品质。

第四，参观教育基地及公益活动场所。爱国主义教育基地、博物馆、动物园、红色旅游景点、民族英雄人物故居、自然景观以及少管所等都是高等院校思想政治教育开展实践教学的物质资源，对高等院校学生进行爱国主义教育、生命教育、生态教育不应该只停留在理论上的说教，而应该让学生在掌握知识的基础上亲身感受和体验。在生态教育上，一些地区的村落景观、自然风貌是不可多得的生态教育资源。

在进行实践体验之后，教师要及时引导学生将所思、所感、所悟进行交流和分享，或者写一份心得体会汇报学习成果。实践教学法在高等院校思想政治教育教学中非常重要，通过实践可以了解事物的表征，探寻事物的本质，将理论知识与现实生活相结合能够帮助和引导学生形成正确的思想观念，克服错误的思想观念。

五、构建家庭良好教育环境

（一）发挥家庭成员的积极影响

在现代的教育中，越来越多的人都认识到了家庭教育对孩子道德教育的重要作用。家庭教育主要是指家庭中父母或其他成年人对孩子的教育过程，良好的家庭教育可以使人受益终身。"养不教，父之过；教不严，师之惰"这是古人流传下来的道理，其强调父母和教师对孩子教育的重要作用。洛克非常重视家长对孩子道德教育的影响，他认为，父母对孩子进行道德教育可以采用说理教育与榜样示范教育、宽严结合、奖惩相宜的教育方式，但最为有效和直接的方式是榜样示范教育。家长只需要将应该做和不应该做的榜样放在显眼的地方，学生自然而然会根据榜样的要求来规范自身的行为。

"家庭是孩子的第一个课堂，父母是孩子的第一个教师。"新时代的家长要给孩子树立榜样，用正确的思想、方法和行动教育和引导孩子，要以小见大，从点滴小事中让孩子欣赏真善美，远离假丑恶。家长在教育过程中要注重动态教育的重要性，要随时、及时做好孩子的教育引导工作。家长的榜样力量对孩子的道德教育更具有持久性和深刻性。虽然一些大学生的家长受教育程度不高，对学生的知识学习无法辅导，但家长是可以对孩子进行正确思想的引导和行为规范的引导，将朴实、善良、遵守规则、礼貌、包容、相互帮助、尊老爱幼、讲究卫生等优秀的传统道德教授给孩子，帮助子女形成良好的道德品质和行为习惯。

可以说，家长以热情的态度面对工作，孩子就肯定会以认真的态度面对学习；家长以真挚的感情处理人际关系，孩子肯定就会以友善的方式对待身边的同学、朋友。同时，家长积极向上的思想行为会对孩子的信仰塑造产生积极的影响。对于"谁（什么）会影响你的人生追求与信仰？"这一问题，很多人都会回答是"父母"和"生活经历"，足以看出家庭成长环境对高等院校学生信仰塑造的重要性。

故而，要从家庭教育层面促进高等院校学生牢固树立共产主义信仰，家庭成员应做到：一是以身作则。家长在处理日常问题时要合法合规，符合道德标准要求，为高等院校学生树立起表率的榜样作用。二是思想积极向上。在家庭环境中，家长的思想决定了家庭发展的方向，家长要牢固树立起对共产主义的信心，要给高等院校学生传递正能量。三是重视与孩子的沟通交流。现今生活节奏快，工作压力大，家长往往忽视与孩子之间的沟通交流，正值青春期的高等院校学生也不愿与家长交流，所以学生的思想问题极易得不到关注。家长要找寻与孩子沟通的新方式，如与孩子交流新鲜事物，才能够更容易走进孩子的内心世界，加强对孩子的教育引导。家庭成员的积极影响，将会让新时代的高等院校学生更易从家庭源头塑造起坚定的共产主义信仰。

此外，家庭思想道德教育的发展应当在继承中华优秀传统文化的基础上传承优秀且经典的家庭教育文化，营造尊重、重视优秀文化的氛围，重视对优秀家庭教育知识的传播。优秀的家风也能够改善社会不良风气，推动社会向好的方面发展。相关的组织机构可以以春节、清明、端午、中秋、国庆等传统节日为载体，以社会主义核心价值观为主旋律，也可以利用国家的教育场所，面向全社会开展宣传教育活动，将理论知识的宣传转化为具体的实践活动，更好地完善社会育人结构，为家校育人提供保障。

（二）增强教育意识

对于一些家庭的教育来说，家长要改变"读书无用"的观点，尤其是"女孩子读书无用"的思想观念，必须充分认识到学校教育对于下一代命运的改变有多么重要。家长要为孩子以后的发展考虑，不能因为教育而耽搁孩子未来的发展，尤其是对于农村的孩子来说，接受教育可能是他们改变命运的唯一出路，而女孩子只有接受教育，才能真正地享受平等。扎根教育事业的时代楷模张桂梅认为只有读书，学生才能走出大山，才能走出贫穷，并且张老师一直秉持着"一名女生接受教育，可以改变三代人"的信念办免费女高，让丽江贫困山区的女孩子有书读。结合自身和现实的家庭教育情况，笔者赞同张桂梅老师的观点，因为在一个家庭中，母亲与孩子比较亲近，一个有远见、有知识的母亲会将自己的远见传递给孩子，让孩子终身受益。因此，对于一些大学生家长来说，一定要增强对学生的教育意识，树立起"文化摆脱贫穷"的思想。

此外，在我国教育发展进程中，创作了一批优秀的家庭教育书籍。一些文人学者或是祖辈，根据自己家庭教育的实际经验，撰写成"家风家训"传给后代。但是这些都不同程度地带有阶级性、历史局限性，如今家庭教育的继续发展也面临着新挑战。在党和国家的号召下，家庭教育已经逐渐得到了重视，但是仍然缺乏较为科学且适应时代的理论指导。

（三）积极配合学校

学校和家庭是两个重要的教育者，不仅要在行动上保持一致，向学生提出相同的要求，更要在思想意识方面专注一致，甚至在教育方法、教育策略方面更深入地协作，为学生的全面发展相互沟通、相互交流。有些家长常常把孩子的教育问题推给学校，把孩子送到学校后不管不问。家庭和学校是对孩子进行教育的主阵地，加强学校与家庭的沟通，实现二者的有效互动，这对于引导学生形成正确的世界观、人生观、价值观具有重要的作用。所以，家长要积极配合学校工作，尤其配合好学校劝导子女把握好大学阶段努力学习。

首先，家长要积极配合高等院校在课堂、教材、大学生思想等方面积极开展的家庭教育工作，根据学生的特点，采取分阶段的家庭教育方式，将大学生的教育全过程联系起来。在这方面，教师可以向大学生家长讲解一些家教、家风、家训的名言警句或是经典故事，从思想意识方面对大学生家长进行思想道德教育，发挥高等院校思想育人作用，从而达到教育大学生的目的，使其思想符合社会主义社会的发展。

其次，家长应该以社交网络为载体强化和学校的联系。网络已然成为交流的主要手段，网络技能的学习也就自然成为每个人的"必修课"。在网络文化快速发展的时代，各种新型媒介层出不穷。作为积极思考的学生，容易接受新事物。家庭教育与高等院校思想政治教育，不仅要将优秀家风家训学习常态化，而且要重视大众传媒在家庭教育和学校教育过程中的重大价值。家长可以将强大的社交网络作为载体和高校的相关主体进行及时沟通。高等院校也可以从校园广播、校园文化墙、校园主题网站等方面着手进行宣传，起到育人作用。社会可以从源头做起，严格检查作品和节目的质量，使报刊、电视广播、节目等媒体端正态度，传播正能量。如通过网络，我们可以建立典型的校园和社会，引导良好的风尚。在开展思想政治教育的过程中，必须重视树立典型榜样，充分发挥高等院校的作用。充分发挥网络教育的作用，宣传网络典型故事，努力营造学习和争创优秀人物的良好氛围。

（四）引导树立艰苦奋斗的精神

受计划生育的影响，现阶段每家供养一个孩子的现象最为普遍。另外受中国家庭传统观念的影响，一般家庭都会在孩子接受高等院校期间提供物质金钱帮助，以助孩子顺利完成学业。根据中国的物价和消费水平，在校园内超过千元的生活费足以满足学生日常正常吃饭、花销、娱乐支出，高等院校学生不会为了生计发愁。很多家庭条件优越者会追求物质享受、奢靡生活，认为学习只是为了获得一份高收入的工作，这不利于对其进行共产主义信仰塑造。为了能使新时代大学生群体理解共产主义信仰的内涵，一是整个家庭要注意不能过分追求物质享受，例如，小家电坏了自己动手修、废物合理利用、节约用水电等。二是正确培养金钱观。父母的钱是父母的钱，不能坐享其成，更要注重纠正金钱至上的观念，不能忽视孩子信仰的形成。三是鼓励孩子在校勤工俭学。新时代的高等院校学生群体，价值观处于萌芽阶段，自尊心强，家庭要积极引导孩子看待勤工俭学问题，可以借鉴国外学生在高等院校期间的家庭教育方式，自己要想获得奖励需要自己争取，让孩子自己通过劳动而获取自己想要的东西。多措并举，帮助新时代高等院校学生群体养成艰苦奋斗的精神，这与现阶段国家所倡导的劳动教育本质上是相一致的，目的就在于更好地使共产主义信仰在其心底生根发芽。

六、要加强学生的正确三观塑造

（一）从生活视角展开教育

1.加强对网络环境监管力度

互联网诞生前，报纸、电报、图书、电视机等占据了主要的信息获取渠道；伴随着互联网时代的发展，信息传递方式已发生巨大变化，信息传递可以一秒万里，实现可视化即时通信，获取信息变得容易且渠道丰富，网络成为信息传递的主阵地。新时代的我们正享受着信息化带来的巨大便利，接受着网络信息的直接影响，互联网的推广让人们的生活变得更加便利、快捷，但同时也带来了风险挑战。新时代的高等院校学生群体，好奇心强、接受新鲜事物快，在网络上扮演着重要角色，是一个极大范围的网络受众群体。

近些年来，网络媒体平台飞速发展，微信、微博、抖音等平台如火如荼，成为青年学生群体热衷追逐的信息化平台，但平台监管、风险把控能力参差不齐，虚假信息、不良信息充斥网络，破坏了网络生态环境。党和国家要及时发现网络发展中存在的问题并做出相应反应。一是要制定网络信息平台行业规范，设立言论、图像、音视频内容红线，网络内容审核交由平台依据规范自主完成，同时根据网络运行状况及时增补新规范。二是出台相应法律法规，加大对网络平台和个人的法律约束，涉及国家机密和公开发表的反党、反国家、反人民等过激性言论要及时控制并防止扩大影响，发现违法行为要严厉追究其法律责任，让平台与网络不法分子不敢违法、不能违法、不想违法。三是依据新媒体平台，加大党媒、官媒的受众面，扩大党媒、官媒的影响力，始终确保党媒、官媒在信息传播中的核心地位和舆论主战场。只要三者合并发力，走出一条中国特色治网之道，就能进一步在网络阵地为新时代高等院校学生共产主义信仰塑造提供健康沃土。

2.营造积极优良的社会氛围

近年来，社会中发生的诸如彭宇案、佛山小悦悦事件等，一经媒体报道，迅速成为社会热点话题，使民众对社会道德认知产生剧烈冲击。诚然，社会中的某类现象普遍反映出一定的社会事实，在社会发展的进程中出现矛盾、问题在所难免，关键在于政府如何有效化解公共道德突发危机事件，提升人们共享、共治、共建和谐社会的信心，为新时代高等院校学生的共产主义信仰塑造提供社会基础。

一是要大力倡导社会主义核心价值观。社会主义核心价值观规定了国家、社会、个人发展的目标和要求，将从道德层面对社会行为起到规范作用。在具体应用中，应切合实际，用核心价值观来禁止或赞扬具体的社会行为，对公众产生约束力或鼓舞力。

二是要坚定文化自信。中华民族血脉赓续的最主要原因之一就是文化得到了继承。在社会中要多举办全民文化活动吸引民众参加，如"一封家书""成语诗词大会"等，同时在新媒体领域要坚持以优秀文化为主脉络运行，营造全民学习文化的环境，从而用优秀文化唤起人们对社会的道德共识。

三是要出台法律法规。社会要保障稳定运行，必须德治与法治相结合。我们应依据我国实际国情，借鉴别国先进经验，健全完善符合我国社会发展要求的法律体系，以保障人民权益、化解人民内部矛盾为重要目的，才能最大限度地凝聚社会共识。德治、法治共同发力，才能将社会不正之风驱散，将公众的认知偏差纠正回来，引导社会各界积极向上，共同营造优良的社会风气，从而对新时代高等院校学生的共产主义信仰塑造产生积极影响。

（二）优化高校教育的方式

1.从教师入手

笔者认为首先要提升思想政治课队伍教师水平：一是从师资源头加强培养。对于将来可能成为思想政治理论课教师，如思想政治类专业学生，在校期间要进一步完善培养机制，如量化学习任务、设立经典著作打卡学习、建立个人培养成才档案等，切实从源头塑造优秀生源、重点关注优秀生源，为将来充实思想政治理论课教师队伍提供重要保证。二是从师资入门严格把关。重点在于教师品行修养和是否具备坚定的共产主义信念，不应单纯只以"帽子"头衔、科研成果作为衡量教师水平高低的标准和引进的条件，忽视对个人品行修养的考察。三是建立长效机制。定期举办提升思想政治理论课教师水平的活动，如思想政治课大练兵、研修班等，将学习活动时长计入考评体系，成为年度任务考核和评定职称的重要依据，打破传统的"唯论文"评审制度。

2. 探索多路径信仰教育创新

在信仰塑造过程中，理论是一切实践开展的前提，所以一方面要将理论知识传递给学生，另一方面要更加注重结合实践内容，因为只有历经实践才能从实践中获得感悟，得到思想的升华，才会最终获得思想与实践的共鸣。理论与实践结合将更加有利于帮助高等院校学生树立坚定的共产主义信仰。高等院校在确保思想政治理论课教学的同时，要注意多探索思想政治教育新形式，如依托当地的红色文化基地对高等院校学生群体进行定期实践教学、现场教学，开展第二课堂实践活动，切实增强高等院校学生的实践参与欲望，做到实践出真知；要不断优化高等院校授课方式，让学生做到将理论和实践相结合从而转化为对共产主义的真实信仰，而不是陷入教师只为完成课堂教学任务、学生应付考试的恶性循环。

3. 增强学生的组织归属感

高校中的团组织和党组织是增强学生组织归属感的重要部分，尤其是团组织与学生之间的联系更为密切。增强团组织的地位认同和团员自身身份认同，核心问题就在于增强团员的组织归属感，所以应该从以下几个方面入手。

一是提升组织门槛。团组织在发展团员时，不能盲目为扩大成员数量而抱有应收尽收的原则，可参考党员发展条例，充分考察申请人的思想、动机，对于进入高等院校前已入团的群体应该加强教育，结合高等院校表现综合考评，不合格者应给予批评教育、诫勉谈话等，进一步提升团员的身份认同感。

二是丰富组织活动形式。高等院校团组织开展的活动是比较丰富的，但不少学生在面对组织开展的活动时往往力不从心，兴趣不大，而依靠点名、考核等手段让成员强制参加的结果就是团员敷衍了事，最终草草收场。因此，可向学生广泛征求意见，给予学生充分自由权，让学生自主决定举办活动，在自发活动中提升参与感、获得感、组织归属感，信仰塑造才会更加有效。

三是完善组织机制。培养成员不是一蹴而就的，应建立组织的长效机制，可以效仿党员的培养机制，制定符合团员的培养机制，如二级学院团支部定期开团会，让团员听报告、学习原著、学习会议精神等。让团员有组织生活，才能进一步增强基层团组织的号召力、凝聚力，提升团员意识。相信团组织功能的完善和团员自身身份认同的强化会对整个高等院校学生群体共产主义信仰塑造起到关键性作用。

　　高等院校中的团组织是每个团员的精神家园，起到引领高等院校学生思想、指导实践的重要作用，团员寻求到精神家园给予的力量才能转化为对共产主义信仰的坚定。高等院校团组织要肩负起新时代党赋予其的重要职责，做好学校与高等院校学生之间沟通的桥梁。

第六章 高校思想政治教育的相关背景

第一节 新媒体背景下的思想政治教育

一、新媒体的概述

(一) 新媒体的含义

"新媒体"是对媒体发展的一次创新和改革,范围广、内容全、内涵丰富,是媒体发展与网络技术相结合的产物,实现了人人参与到媒体中来的质的飞跃。专家宫承波认为所谓的新媒体,就是借助全新的互联网信息技术手段,给用户带来多样化的信息数据资源。

新媒体以网络信息技术和通信技术的发展为基础,快速汇集、关联、组合各种信息,以多样的表现方式传达给受众,满足多样性需求。新媒体是不断发展的媒体,是对自己的不断更新,以满足需求为己任,将多元、丰富、人性化的信息内容融入受众的生活之中,受众更愿意成为信息的主人,使信息在新媒体的传播效力远远高于传统媒体。新媒体是一个相对的概念,新媒体的"新"是与传统媒体相比较而言的,是对媒体的不断丰富和发展,丰富了传媒的传播渠道和方式。新媒体既可以运用网络技术,借助移动智能终端,实现人人可以参与到媒体的产生、传播和成果共享中来,也可以依靠网络传输为载体,移动智能手机为终端,以受众最常见的新兴媒体软件为代表,实现及时、互动、便捷等新媒体的基本功能。

(二) 新媒体的特点

匡文波教授介绍了很多新媒体所具备的特性,包括互动性、开放性、分众性、及时性还有数字化的特点。闻敏玲则认为新媒体具有开放性和隐匿性，人人都可以参与到新媒体中来，人人都可以通过屏幕发表想法。学者牟婉璐认为新媒体应该具有去中心、草根、即时的特点。由此可以得出，从新媒体的含义、种类及特点中，我们可以全面地对新媒体进行了解，为思想政治课教学中新媒体的运用做了良好的铺垫。

随着网络的发展及手机的普及，新媒体深入我们的生活，相对于其他媒体，作者认为新媒体以其互动性、开放性、即时性、草根性的特点在众多媒体中后起，并越来越深入我们的生活和学习中来。

1. 互动性

新媒体是众多媒体的融合，便于阅读与互动，信息交流不再是单纯的文字和图片，还包括音频、视频等；信息交流不再是"留言等回复"。各方参与其中表达对某一些信息的看法，既有官方答复，又有普通受众参与，提高了交流的互动性。以微信为例，最直白的便是即时沟通，不仅可以语言和文字沟通，还增加了视频、语音，受众可以通过微信"面对面"进行互动；同时，微信还可以进行表情包的发送，用幽默的方式进行交流；微信公众号的推广，可以将自己或者官方的信息、观点等以链接的形式进行传播，方便随时随地进行查阅，拓宽了互动的渠道；微信近些年推出的小程序功能，简洁了众多程序并存的局面，方便了受众一键查询，其中以国务院小程序为例，受众不再需要各方寻找渠道进行表述，通过小程序里相关功能即可表达己意，增强了互动的便利性。综上，以微信为代表的新媒体，方便了受众可以随时随地随心进行线上互动，满足了人们对于媒体的基本功能。

2. 开放性

与普通媒体相比，新媒体不再受官方和其他媒体的影响，人人都可以是信息传播的对象和主体，人人都可以成为媒体传播的中心，成为信息的主角，更可以自主进行信息选择和信息判断。以微博为例，各大官方媒体入驻微博，受众不再一味地接受信息，官方不再苦于收集信息的方式，利用手机进行文字编辑，点击一键发送，自己的想法便可以表达出来，点赞及回复功能让有相似看法的人聚集在一起，开放式的信息表达增强了信息的传播，普通群众也可以通过微博分享自己的身边事，尤其是可以通过某个热点话题的参与，与素未谋面的网友交换观点，开放式的网络环境，自由的分享方式，让信息真正可以从受众中来，让普通受众增强了网络的参与感，从而更愿意参与到网络生活中来。简而言之，以微博为代表的新媒体具有广泛的开放性，让受众真正地在开放的网络环境中各抒己见，体现了网络信息时代新媒体发挥的作用。

3. 即时性

新媒体同传统媒体不同，不再是今日新闻明日才见诸报端，或者是新闻消息编辑之后才展现在受众面前，它突破了时空的界限，通过网络，借助电子移动设备，即时向受众传递信息。受众不再需要用整段时间进行信息阅读，而是可以有效地利用碎片化时间进行阅读和学习，提高了信息时效性。以微博为例，受众只需要安装微博一个软件，无需关注任何账号，时事新闻便以"热搜榜"或者"要闻榜"的形式传递给受众，既有受众喜闻乐见的娱乐新闻，也有关注社会民生的政事，榜单实时更新，使更多新闻可以短时间迅速传递在普通受众之中，并通过转发和分享的方式传递给亲朋好友，大大提高了消息传播的时效性，使普通受众参与到新闻的传递和传播中来。由此可见，以微博为代表的新媒体，借助电子设备，借助普通受众的碎片化阅读时间，将新闻信息更加有效地传播出去，体现了新媒体的即时性特点。

4. 草根性

新媒体可以实现人人参与，草根性是新媒体相较于传统媒体的特点之一。人人都可以参与融入新媒体中来，人人都有机会成为新媒体的传播主体，新媒体不再更高地要求新闻信息传播者的学识身份和理论水平，人人平等，人人开放。以抖音短视频为例，更多普通受众参与到短视频的制作和拍摄中来，既有生活和工作中的琐事分享，也有官方信息的编辑分享：小到洗衣做饭，大到阅兵授奖，短短几十秒可以分享很多。"网红"便是其发展的衍生物，普通受众通过拍摄、编辑、分享短视频在抖音平台，其他受众通过阅览相应视频，久而久之，有趣视频或者是受众较喜爱的视频从中脱颖而出，其拍摄者便从普通拍摄者变为"网络红人"，增加了阅读率的同时也带来了一定的经济效益，从而带动更多的人参与到短视频的拍摄中来。可以见得，以抖音短视频为代表的新媒体，以简单的视频拍摄方式，吸引普通受众参与到其中，人人都可以从草根百姓变为家喻户晓的知名人物，人们从受众变为主体，吸引了更多的人参与到新媒体。由此可以得出，从新媒体的特点中，我们可以清楚地对新媒体进行全面的认知，方便我们从中获得学生关注的新闻事件和热点信息，为思想政治教育拓宽了素材渠道的同时，也方便了思想政治教育更好地运用新媒体技术进行教学。

（三）新媒体的分类

新媒体的种类十分广泛，从不同角度可以对新媒体进行不同的分类，中国人民大学匡文波教授就从不同角度对新媒体进行分类，从客户端方面界定将新媒体分为手机、网络和数字电视新媒体；从外延上又可以分为网络、数字和移动类等；MBA百科以媒介属性将新媒体分为社交媒体、云媒体和视频媒体等类型，作者以此为标准对新媒体进行分类。

1. 社交媒体

社交媒体主要是以微信、微博为代表的社交软件。在当今快速的生活中，社交媒体借助移动设备和网络，用最短的时间，将众多的信息传达给受众，将时间碎片化的同时具有强大的传播力。社交媒体以微、短著称，同时方法多样，选择丰富，准入门槛低，是新媒体最典型的代表。

微信现在可以说是人人必备，是下载量最高的超级软件，用户最多、市场占有率最高，融合文字、语音、视频等基础社交方式，很大程度地满足了受众的社交需要。微信以人际的社会圈式传播为基础，依靠移动终端，进行信息的沟通和交流，具有便捷的属性。值得一提的是，随着微信功能的不断完善，如今的微信拓展了实用领域，使之集查找、搜索等众多生活模式于一体。

微博是新媒体发展到巅峰的重要代表，信息交流互动不再受朋友圈的局限，实时更新的微博热搜榜更是将新媒体的即时性体现得淋漓尽致。微博信息的浏览、众多受众的参与，使微博成为双向传播的典型代表，用户对信息运用的最大化和传播的流动化，冲击着传统媒体的传播方式。

在思想政治教育教学中，以微信、微博为代表的社交新媒体，是最广泛运用的新媒体，快速、便捷的方式，多样、多类的内容拓宽了思想政治课教育的时空界限，丰富了内容的选择。

2. 云媒体

云媒体是云计算的引申，是指运用云计算，以互联网为基础的一种新媒体，是当今信息和数字社会发展的集大成者，它运用比喻的方式，将网络信息内容多样化、互动化，使之选择便捷，更符合个人特点。云技术在思想政治教育上最大的运用是"云课堂""雨课堂"和"云书籍"等方面。

一是云课堂、雨课堂，云课堂通过购买服务，将课程资源化，精品的课程让受众尤其是学生可以享受到高品质的学习内容，它突破了时间、空间的限制，将互动学习变为可能；雨课堂由清华大学提出，通过共同在线学习，让学生可以与更多课堂进行沟通，学习时间更灵活，更易自主进行学习；同时在预习、课堂中提供技术支持，丰富课堂形式，使得学习在互动的氛围中进行。

二是云书籍的网络化发展。它突破了纸质发行的界限，客户端订阅、下载、阅读，一气呵成，发行方便，发行量由受众自行选择，将阅读与传播相结合，同时网络可以随时阅读分享，增强了知识的积累和深度交流，成为沟通的新方式。普通学生通过网络便可以搜索到阅读书目，不必再等时间去查阅，满足了学生对知识的碎片化需求，接受度更高。同时，云媒体还包括淘宝、京东购物、新闻客户端等广泛运用云技术而进行用户分析、推送的新媒体。

云媒体是聚集、共享的网络模式，本地进行简单操作和选择，云媒体便可以运用云技术向用户提供以用户为中心和主导的信息，信息的双向验证使得云媒体高校思想政治教育中新媒体运用研究的选择更具完整性。在思想政治教育中，教师根据学生的实际状况进行云课程的选择，云技术在进行分析后，推送的课程便更符合学生的实际状况，同时根据学生日常对云书籍的阅读，云媒体进行跟踪反馈，思想政治课教师便可以根据实际情况，了解大学生的知识需求。云媒体运用云技术，帮助思想政治课进行个性化选择和筛选，是当今思想政治课教师可以广泛运用的新媒体。

3.视频媒体

视频媒体是伴随着网络的普及和提速而产生的，视频媒体分为短视频和长视频两类。其中，短视频以抖音、快手为代表，长视频主要以直播视频为主，以钉钉、腾讯直播为代表。近几年来视频新媒体快速兴起，迅速占领新媒体的半壁江山。

以抖音为代表的短视频以简短为特征，十五秒的视频剪辑，分享身边事，受众从新媒体的接受者变为使用者，各种网红从中诞生。抖音的出现弥补了受众对于文字和图片的不满足状态，在闲暇时观看和推送，将日常生活视频化，观看式的交流方式更加通俗、简便，同时也让更多普通人参与其中，是新媒体趣味化的代表。

近些年来，各类直播软件的发展，极大程度地满足了受众对于长视频的需求，较为成熟的是钉钉直播，操作简单、便捷，页面选项丰富，在疫情防控期间，线上教学中钉钉直播发挥了重要的作用，既可以与普通人进行线上的交流，也可以进行专业性的视频交流，正规性的直播方式满足了多选择、多时空的功能。

随着网络的不断普及，近些年来，官方媒体不断进驻短视频平台，一改官方严肃的形象，可以更好地进行宣传，思想政治课教学中的视频内容也逐渐从抖音短视频中来，学生乐于接受的视频内容增加了思想政治课的欢迎度；同时，钉钉直播的运用，使得停课不停学成为可能，将思想政治教育走进家中。除了社交媒体、云媒体和视频媒体之外，MBA百科中新媒体的分类还包括娱乐媒体、电视数字媒体和户外媒体等思想政治课教育较少涉及的新媒体。从新媒体的分类可以看出，新媒体交互性强，个性化的媒体功能突出，信息依靠新媒体这一极具特色的介质进行传播，增强了新媒体受众的选择性，吸引了越来越多的人参与到新媒体的传播中来。从新媒体的含义、特点和分类中，可以清晰地看到新媒体的优势，思想政治课可以运用新媒体的这些优势丰富教学内容，拓宽教学渠道，营造更富有亲和力的思想政治课氛围。

二、新媒体对思想政治教育的影响

（一）教师对新媒体的话语掌握能力不足

思想政治课教师在运用新媒体教学时，在网络环境中一直没有形成强大的媒体场域，没有形成强大的话语权，导致思想政治课教学效果不甚理想，究其原因有以下几个方面。

1.话语权威遭到质疑

在传统媒体时代，教育者占据主导地位，依靠国家和党媒可以拥有丰富的信息来源，而新媒体时代，新媒体改变了传统大众传播的方式和环境，改变了思想政治教育大环境下的话语权。新媒体的传播方式使得学生接受的信息和内容具有大众性和即时性等特点，在一定程度上这些内容尚未接受道德和价值的判断和选择，容易受兴趣和情绪更或者是谣言的影响，使得许多大学生盲目接受错误的思想政治教学内容，使得思想政治教育者在教学时无法进行正确的引导，乃至对其内容进行纠正和引导时，权威解释遭到质疑。

2.话语效果降低

现如今，互联网和新媒体的大环境正在滋扰着大学生的价值观选择。在新媒体时代，信息瞬息万变，学生对未知的向往远超了思想政治课教学带来的内容。当今的高校思想政治课教学没有完全面对新媒体带来的挑战，没有能力对文化的大众化和传媒的信息化做出及时反应。网络迅速发展，信息的选择性增多，学生可以根据自身兴趣进行自由选择，错误价值渗透，功利主义等思想对学生产生了较大的影响。随着日韩文化全球化战略的影响，大学生哈韩哈日人群不再是少数，对日韩及西方文化呈痴迷态势，而对我国的传统文化则表现出兴趣较低。

3.话语主体引导尚不到位

在实际教学中，思想政治课教师与学生掌握的新媒体信息还存在着一定的差距，学生处于获取信息的主体，而教师则处于较为被动的地位。在新媒体中，一些娱乐、休闲、日常的生活占据了学生的大量时间，热播的韩剧、美剧成为学生津津乐道的话题，近几年来，学生的民族热情、爱国主义思想逐步提升，但学生对偶像的追逐仍然很热烈。

（二）大学生主流意识形态的认同危机

其一，一些大学生不相信官方言论和声音，轻信网络谣言。在各类新媒体中切换自由的大学生，不可避免地接触到各类网络谣言。但是，并不是所有的大学生对于网络谣言都有辨识能力，能做到"不传谣、不信谣"。在这类谣言的传播者中，就不乏大学生的身影。不少大学生转发这种谣言抱着"提醒家人和朋友没有坏处"的心理，看似无害的动机却淡薄了是非观念，混淆了真与伪的界限，助长了谣言的泛滥和传播。大量网络谣言在融媒体环境中扩散，必然挤占主流意识形态的传播空间。

其二，一些大学生不崇尚中华民族传统美德和奋斗精神，却被拜金主义、享乐主义等消极观念所左右。新媒体中到处充斥着"金钱至上"及追求感官快乐的内容，比如"晒"的文化。新媒体就是年轻人热衷的一个超大"秀场"，在朋友圈里，在微博上，在抖音、美拍等各种 APP 上，随时随处都可以见到晒物、晒房、晒车、晒奢侈品、晒旅游、晒男（女）友的帖子。年轻人特别是大学生热衷于看这种帖子，这种帖子给人以感官上赏心悦目的感觉，让人看了有羡慕的感觉。如果仅仅处于交流或者放松休闲，这类发帖和看帖都无可厚非。但是对于"手机不离手"已经成为一种生活方式的大学生来说，这种帖子看得多了，不免就会产生一种"心向往之"的感觉，就会渴望一种"有钱""享乐"的生活，视传统美德如草芥。

第二节　"互联网+"背景下的思想政治教育

一、"互联网+"的概述

（一）"互联网+"的特征

"互联网+"与互联网概念从本质上来说大致相同，两者除了具有时间、空间上的不限制、多资源整合等传统特点以外，前者还具有如下特征。

1. 跨界融合

"互联网+"不同于以往双向的互动或者连接方式，它融合了各行各业，与之产生联系并与其协同发展。"互联网+"具有一种力量，能够推动社会各部门、各行业通过融合发展开辟一条全新道路，为此，在高校思想政治教育方法的创新发展上，我们可以通过"互联网+"万物互联的特性与其他学科进行融合发展，从而发挥合力，同向同行。

2. 共同共享

"互联网+"是一种存在于每个人之间的联系网。现代社会生活中我们似乎已经离不开互联网了，它已经变成了我们生活的一个部分。不管是出行、吃饭、购物甚至是生活用品等都已经处于共享经济中了。那么运用于大学生思想政治教育中也是需要一个共同共享的理念，不仅拓宽了思想政治教育渠道，也让其成为大学生乐于接受的互联网式的教育方式。

3. 尊重人性

"互联网+"的巨大的网格背后，每个人都是平等的存在，不因社会身份的不同而产生阶级上的差距，并且都可以自由地表达出自己的观点。这是"互联网+"的独特特征，同时也符合大学生群体对思想政治教育的诉求特征。传统的老师自上而下地向学生灌输知识的模式，似乎已经不适应现阶段的大学生学习方式。

4. 创新驱动

新时代之所以称为"互联网+"的时代，是因为每一个巨大发展的节点都有其全面创新的点。不再是单纯的聊天、查阅资料、购物等单一行为方式的互联网，已经因为创新驱动方法发展成了改变人们生活生产方式的重要因素。从环境层面讲，"互联网+"已经在点、线、面上全面创新了生活方式。从要素层面讲，"互联网+"创造出了新的认知、新的需求。

（二）"互联网+"的教学方式

1. 资源整合

用于思想政治教育的相关内容很多，这些资源在互联网上比比皆是。高校思想政治教育在网络思维的冲击下，必须向多元化方向发展。因此，挖掘优质的资源、方法势在必行。首先，要竭尽全力，挖掘一切可以挖掘的教育资源，丰富思想政治教育内容；其次，要正确整合、分析、处理这些资源。比如在课堂教学时，仅仅只是依靠单纯的教学课程知识讲授与教学课本知识的输入，难以达到良好的教书育人教学效果，而通过网络搜索，挖掘与课程内容相关的各种教育资源、信息资料，经过加工整理后，在课堂上积极进行综合性教学，不但可以丰富学生思想政治素质教育的内容，还可以提高广大学生自主学习的参与度，激发广大学生的学习积极性。"互联网+"时代的到来，有利于充分发挥在线开展思想政治宣传活动，提高思想政治理论教育的宣传效果。如设置本校专门的教育微博、微信公众号等，打造优质的教育网络平台，提升学生思想政治理论在线教育教学实效性。此外，在各类智能终端应用程序不断出现的情况下，高校思想政治教育也可以针对应用程序进行专门设计开发，并将一些学生的网络实践与应用程序相关联，这样就可以将创新实践教育渗透到思想政治教育中，最大限度地发挥思想政治教育的实效性。

2. 沉浸式体验

虚拟现实技术（virtual reality，VR）、增强现实技术（augmented reality，AR）等虚拟智能提供了沉浸式体验，通过营造氛围让参与者享受某种状态，使用户有一种身临其境的感觉。网络思想政治教育既是教学形式又是教育内容，既是教育手段，更是教育目的。要想实现内容与形式的统一，手段与目的的统一，就要运用"互联网+"的学习优势、教育特征，坚持以习近平新时代中国特色社会主义思想为核心内容，加强教育选题设置和教育内容的资源提供，建设思想政治教育虚拟仿真实践平台，加强网络思想教育过程的资源整合利用、技术支持和协作创新，加强虚拟网络仿真教育，重视思想政治教育的沉浸式体验教学。

"互联网+"条件下高校思想政治教育的沉浸式体验学习还可以结合模范事迹和英雄精神展开。以模范人物、英雄事迹为依托，建设相应的虚拟仿真实验课程讲述典型人物事迹，沉浸体验故事情境，通过模范示范法来达到思想政治教育的目的。

3. 注重线上和线下的配合

线上思想政治和线下思想政治的完美配合，才能让思想政治教育更上一层楼，让线上和线下变成"你就是我，我就是你"的完美状态，方能体现出全程育人和全方位育人的特点。一方面，学校应在顶层设计上考虑线上和线下活动的相辅相成关系，如活动的海选可以采用网络的形式，活动的评选也可以采用网络投票等。另一方面，线上和线下在时间的配合关系，如高等院校可以开展"党建思想政治进宿舍"、大学生"三走"活动、"艺术党建进社区"等品牌活动，有效地扩展了传统思想政治阵地，也为"微思想政治"降低了压力，从而实现了全方位育人的理念。传统的思想政治教育和"微思想政治"教育都十分重要，需要两者相辅相成、共同努力才能做好思想政治工作。

二、"互联网+"对思想政治教育的影响

(一)"互联网+"对思想政治教育的积极影响

1. 教育理念的开放性

任何教育理念都不是凭空产生的，都有一定的现实基础。互联网的发展使得高校学生获取信息的渠道拓宽了、速度提升了，诸多信息摆脱了传统信息传播阶段的垄断现象，高校学生能够自主选择信息和知识，而不是被迫接受。传统的教学时空限制与校际隔阂被彻底打破，高校间的"围墙"正在逐渐消失。教育过程既要有启动环节也要有跟踪反馈，既要有效果自评也要有效果他评，不能教育者一个人自弹自唱"独角戏"。

2. 教育主客体的平等性

在传统思想政治教育课堂中，思想政治课教师以单向思维模式掌控着整个教育过程，按照其既定的教育方式和教育内容，对高校学生进行信息传递和价值灌输。这种一元教育格局在信息闭塞、教育资料单一的时期收到了较好的效果。"互联网+"时代，信息的生产、传播、获取方式跟之前已经大不相同，迅猛的科学技

术和多样的学习媒介使得高校学生突破时间和空间的限制，实现自主学习。当下，我们思想政治教育者面对的高校学生是"00后"，他们学习力强，善于在网上展示观点、交流思想、表达诉求。

面对互联网上即时生产的层出不穷的信息，高校学生和教育者都是平等的接收者，甚至部分具有超前学习意识的学生，其通过互联网所得到的知识储备比教育者还要多。互联网打破了教育者在资源方面的权威性和地位的中心性，缩小了教育者和受教育者的知识差距，为二者平等交流提供了可能。地位的平等让教育者获得更多尊重，也让受教育者更好地吐露心声，内心的诉求及时得到关切和回应。

互联网的发展使得学生有困难可以和老师线上沟通交流，在这里创造了师生平等的空间，学生获得了充分的话语权。同时，也促进了师生教育观念的双向互动交流，随时随地进行信息共享和情感宣泄。

3. 教育内容的多元性

当今时代，互联网当之无愧地成为全世界信息传播最大、最快的平台，网络信息资源多元多变、形式多样、快速无界，使思想政治教育的内容从封闭逐渐走向开放。这满足了高校学生的知识延展、个性张扬、兴趣培养。但是随着信息数量的剧增，流速的加快，不可避免地出现了信息泛滥、良莠不齐的现象，对高校思想政治教育提出了更大挑战。

"互联网+"不再囿于固化的课本知识，突破了传统教学内容的有限性和被动性，高校学生可以在获取最新的信息资源后，对突发热点新闻事件等进行实时的讨论，不再受到课堂固定设置的内容的局限。这极大提高了高校学生的学习热情和主动性。

学校使用大数据云技术平台，将纷繁复杂的教学资源、教学教务、教研课改、校园安全等校内日常应用转变为智能化、个性化、多终端兼容性应用，能够使用户获得更好的体验，云平台给广大学子提供了一个包容性的学习平台。数字化的线上学习平台、微课等网络课程阵地，使教学延伸至课堂之外，实现了师生线上线下随时互动，使思想政治教育课堂活跃起来。

开放的教育资源也对思想政治教育带来了更大挑战，因其打破了原有的知识垄断格局，导致传统思想政治教育的可控性降低，教育资源让高校思想政治教育得以充分延展的同时，也打破了固有的文化欣赏习惯，在这种复杂的文化碰撞中，教育者需要坚持灌输原则，牢牢掌握意识形态在网络空间的主导权和话语权。

4. 教育方式的丰富性

传统思想政治课教学围绕课堂展开，虽然传统课堂具备了成熟的教育理论和教育方法，但是其传播渠道单一，传播范围极其有限，学生学期兴趣不高等弊端也逐渐显现，这样被动接受的大班授课学生并不喜欢，因材施教成为一句空话。

正当教育者捉襟见肘时，"互联网＋"教育的崛起改变了这种机械式的灌输方式。教师可以通过慕课、微课、教育APP、云课堂教学等多样化的方式，深度整合教育资源。而网络中的教学数据可以帮助思想政治课教师更好地了解高校学生的态度、认真程度、理论学习情况，从而因材施教。

5. 教育反馈的及时性

四通八达的网络在教育者和高校学生之间架起了互动的"桥梁"，教育者利用大数据、云计算、人工智能等技术手段，通过网上数据分析，可以快捷、正确地把握学生的最新思想动态、心理困惑和行为特点，从而及时与学生交流信息、沟通思想，解答心理困惑，改变不良行为，建立和谐亲密的师生关系。此外，微博、微信、QQ等软件为加强师生的了解提供了媒介，拉近了师生的距离，有助于教育者实时跟踪学生思想变化、情感痛点、行为表现，有助于快速、全面地观察，前瞻性地做好思想政治教育工作。

（二）"互联网＋"对高校思想政治教育的负面影响

1. 由海量化信息所产生的负作用

海量化信息具备自身特殊性，受众在面对时易感到迷乱，难以辨清信息的真伪。而高校学生在面对这些海量信息时，缺乏主动思索且易遭受诱惑，从而对高校学生正确价值观念与品质理念的创建有着直接影响，这无疑背离了高校思想政治教育的价值观，影响了教学成效，弱化了思想政治教育能力。

2. 难以快速适应的教育模式

以灌输为主的传统教育模式依旧是当前教育的主流，老师讲授、学生接受的学习方式使得学生的主体性被限制，学生的自主学习能力逐渐丧失。随着互联网的发展，学生有更多选择权，学生的主体性、自主性被更好地凸显出来，学生作为思想政治理论课教育主体，以自我引导、自我总结、自我安排的新模式，完成自身思想的提升、内容的完善与接受。

思想政治课教师的角色得以转变，根据学生的需求科学分配教学任务，循序渐进地引导学生开展学习。这种由"授"到"学"的主体权利关系的转变，以及教育观念和教育方式的差异，大大冲击了传统高校以教为主的教育观念，也加大了学生学习的压力，因此绝大部分高校师生在短时间内难以适应。

3. 教育的思想性受到一定损害

教育的思想性受到损害也是"互联网＋"所带来的负面影响，在教学中主要表现在：一方面，部分高校的思想政治教师仍坚持传统的教学理念而不接受新媒体，导致他们思想政治教学的内容和方式难以被高校学生接受；另一方面，部分高校的思想政治教师尽管对新媒体的运用仍不适应，但其在教学中却为了迎合学生的需求动摇了自身的信念。这两类教学方式在很大程度上阻碍了新媒体在思想政治教育中的应用，也使得思想政治教师自身忽视了教育中思想引导的重要作用。

4.社会道德标准游戏化

"互联网+"背景下高校学生的思想意识中一些事物均可被游戏化，而这同时也包括社会道德标准。例如，当代有部分高校学生在遇到别人需要帮助的情况时，只要事件与自己没有任何关系便不会选择去帮助别人，甚至还有部分高校学生会在一些新媒体公众平台上大放厥词，表示道德素质无足轻重，而中华民族传承已久的良好品质也逐渐成为部分学生调侃的对象。由此可见，在"互联网+"背景下，社会道德明显出现了被游戏化的现象，高校学生道德素质的培养已然成为现今至关重要的话题。

第三节　社交媒体对思想政治教育的影响

一、当代大学生的特点

当代的高校大学生是在移动互联网的飞速发展中成长起来的一代人。他们人手一部手机，随时上网。以2018年为临界点，彼时的"00后"已经成年，已经参加高考，中国大学校园开启了"00后"高校大学生的时代。由此，"90后"将很快从大学本科生范围里"超龄退出"，大学本科生中将不再能看到"90后"的身影，取而代之的是"00后"这一代新人。"00后"是诞生于千禧年前后的一代人，这本身似乎就给了他们更多的与众不同。当代高校大学生有以下几个方面的特点值得高校思想政治教育工作者关注。

（一）更加崇尚国产产品

有研究显示，现在"00后"在学校更洋溢着民族自豪感和自尊心，支持国产变成了他们关心国家的一种主要手段。这与中华民族伟大复兴历史进程的推进，中国日益屹立在世界舞台的中央，中国的综合国力和软实力的增强，中国从文化大国向文化强国转变密切相关。从中华人民共和国成立至今，纵观党和国家的历史发展，中国经历了从"站起来"到"富起来"再到"强起来"的过程。如今中国已经成为世界上第二大经济体，已经于2020年圆满完成了脱贫攻坚战，朝着社会主义现代化强国迈进。亲历中国从"富起来"走向"强起来"的就是"00后"的这一代人。他们亲身感觉着祖国的强盛，十几年来一直接受着主流意识形态的思想政治教育引导，有着更强烈的民族自尊心和自豪感。以手机为例，和"90后"

推崇苹果手机不同，"00后"高中生或者高校大学生使用华为、小米等品牌手机的人群明显更多一些。

（二）物质生活条件更加优越

"00后"的家庭收入更高，有研究显示很多"00后"从小就有了走出国门的经历。这表明"00后"有更多的经济可支配自由度和由经济带来的选择自由度，高消费能力的背后是更多的自己做主的机会。这是中国稳居世界第二大经济体后，全民共享发展成果的一个例证。

（三）成长于更加民主的家校环境中

当前社会背景下，无论是在家还是在学校，"00后"都有了更多民主的空间和发声的机会。这背后的原因是"00后"的老师和家长以"70后"和"80后"为主体，他们是经历过改革开放的一代，是依然活跃在国家和社会舞台的一代，亲历了中国社会的民主化进程，鲜有思想僵化的"老古板"，与"00后"一代的代沟较小。

（四）对"自我意识"有了新的见解

新媒体和移动互联网的发展，让这一代人有了更多尝试不同领域的机会。因此，对他们来说，领域的广度涉猎已经不能给他们带来全面的成就感，他们倾向于领域的深度，甚至是创造性的程度来标识自我。

（五）习惯表达想法

"00后"成长与更加民主的家校环境一致的是，他们更加习惯表达自己的想法。更加民主的成长环境，使得老师和家长都乐于聆听"00后"的意见，顾及他们的想法和感受，这让他们习惯跟任何人沟通自己的想法，甚至是国家和社会大事。这种特点也和他们同中国的融媒体共同发展起来有关。融媒体给了他们全方位、多角度了解国家和社会发生的大事的机会，因引"00后"虽然大多数人目前还处于中学时代，但是他们并不会"两耳不闻窗外事，一心只读圣贤书"。同时，他们更加注重彰显自我的存在感，有了独特的想法并不太愿意"默不作声"，而是要发声将其表达出来。

（六）渴求对同辈的归属感

这是因为，一方面，很多"00后"生活在城市，家庭条件相对这一代人大多处于中等以上水平，所以他们中的很多人从小学时起，就有了利用寒暑假和同学、同伴一起参加冬夏令营，甚至是出国游学的机会，这很好地锻炼了他们的社交能力；另一方面，新媒体及移动互联网的发展，使他们有更多的机会通过微信群、在线视频等主要手段交流。"00后"已经形成了不同于"80后""90后"的独特的交往手段。

（七）接受、尊重他人的不同

"00后"的处事价值观有点类似于中华人民共和国初期的时候周恩来同志在外交关系上的"求同存异"的思想。习近平总书记说过，"当今世界正面临百年未有之大变局"。在如此变局中成长起来的"00后"，有着比以往的人更为强烈的包容感。"彰显自我"与"包容不同"成为"00后"典型的特点之一。

二、微博与高校大学生思想政治教育

（一）微博概述

微博以其自身的特性、强大的用户规模和飞速扩张的影响力日益成为重要的社交媒体。随着高校大学生微博用户的增多，微博的正、负两面性的影响也日益凸显。应用微博进行高校思想政治教育必须充分发挥微博在信息方面的优势，克服其消极作用。应当从提升高校大学生的"网络素养"、弘扬"主旋律"教育、加强教育者的微博教育思维、增强教育者与学生的沟通交流意识、加强微博领袖的作用和加强微博法治建设等多方面，探索出应用微博开展思想政治教育的对策。

微博，是微型博客的简称，是一个基于数字通信技术和用户关系构建的信息分享、传播和获取的广播式社交网络平台。微博作为一种新兴的、为年轻人广为接受的网络科技社交工具，具有平台多元化、内容碎片化、注重个体性、多媒体性、交往对象互动重叠性、与其他网络工具对接性等特点。

第一，微博接入平台可以是电脑浏览器或者移动终端，方便用户在一天中的任意空闲时间，哪怕是吃饭、等候或者途中都能进行微博浏览和更新；第二，除了"长微博"以外，一条微博最多140个汉字，"微"的特点使得其表达效果不求全面，甚至不求语法的通顺，只求表达，哪怕是一个字或一个词，这种特性与当今受众的碎片化的人际交流心理需求正好契合，这种表达方式特别适合表达内心感受或者生活某一细节；第三，微博能够发布的不仅仅是140个字的文字，微博还有独具特色的图片、视频等处理功能，多媒体性可以让用户更加直观地发布或接收信息；第四，微博因为其特有的"关注"功能，使用户可以进入一个又一个嵌套式交往圈，举个例子，一个用户关注了另一个用户，就可以随之关注他的朋友、朋友的朋友，这种互动重叠的交往方式是人们在现实中交往很难实现的；第五，对于有其他上网习惯的网民，微博可以实现网民与自己以往上网工具的对接，举个例子，可以通过登录发腾讯微博，或者很多论坛、网页上都添加了"分享到微博"按钮，微博可以实现与多种网络工具的对接。

（二）微博开展思想政治教育应坚持的原则

1.坚持微博思想政治教育正确的政治方向

思想政治教育工作者在使用微博时，往往要突出自身"教育者"的微博人格，弱化自己"普通微博用户"的微博人格，保证其微博的政治方向绝对正确。思想政治教育工作者要具有对微博言论和微博舆情的基本判断能力，切忌在微博上意气用事、人云亦云，切忌传播可能是谣言的言论，切忌言论过激，保证学生看到的思想政治教育者的微博都是政治方向正确的、客观的、正面的、积极的、经得起推敲的言论。

2.坚持微博思想政治教育与传统思想政治教育相结合的原则

传统思想政治教育不外乎思想政治课教学的课堂教育与辅导员全程思想政治辅导两种主要手段。微博思想政治教育与传统课堂思想政治教育应当是相辅相成的，在应用微博进行高校思想政治教育的同时，不能放松课堂思想政治教育的教学改革，不能厚此薄彼，思想政治教育工作者有义务探寻两种教育渠道的结合点，做到两者相得益彰、齐头并进。同时，要将微博思想政治教育与辅导员工作紧密结合起来，利用微博增加辅导员的亲和力，随时随地关注学生思想动态，与学生沟通交流。

3.坚持微博思想政治教育以人为本的原则

科学发展观的核心是以人为本。同样，在高校思想政治教育中也应该坚持以人为本，即坚持以学生为本。马克思主义哲学认为，矛盾的普遍性寓于特殊性之中。作为教育客体的高校大学生有其"00后"青年一代的共性，也有其每个人特有的个性特征。因此，在运用微博进行思想政治教育时，思想政治教育者除了要有面向所有学生的微博教育言论，还要因材施教，应用微博的私信等功能对个别学生实行单向教育。

4.坚持微博思想政治教育与其他融媒体教育形式相结合的原则

目前，除了微博以外，微信、抖音、视频号等很多融媒体，各主流官方网络平台同样可以辅助进行思想政治教育活动，如各个高校的官方主页、新华网、人民网等一些官方网页等。思想政治教育工作者可以将多种网络资源结合起来，如将官网上正面的主流声音转发到微博上，使学生从多种网络平台受到启迪。

三、微信与高校大学生思想政治教育

（一）微信概述

随着网络信息化技术的日新月异，智能手机越来越普及化、平民化，几乎每个家庭都至少有一台智能手机。据相关数据调查研究，中国使用智能手机的网民

呈逐步上涨的趋势，其中涉及不同的年龄阶段。可以说，智能手机是新时代背景下人们不可或缺的通信工具，而微信则是众多智能移动通信 APP 的"宠儿"。

1. 微信公众号

通过建立高校官方微信公众号，由专业的教师担任管理者。结合微信的功能与优势，思想政治教师需对传统的思想政治教育内容进行优化，并采用影像、视频等多种高校大学生喜闻乐见的方式对教育内容进行发布，定期向订阅用户推送，引导学生通过关注、订阅微信公众号获取教育信息，初步实现思想政治教育信息在微信平台的发布、获取与共享。思想政治教育的内容是多方面的，为了促进思想政治教育的针对性，高校可以借助微信公众号进行模块化教学，为高校大学生提供多样化的学习选择，提高学生的学习意愿。借助微信公众号设置专门的问答板块，帮助学生有效地解决学业发展、职业规划、心理咨询等问题，在为学生的学习、生活服务的过程中切实贯彻思想政治教育。

2. 微信群

思想政治教师要建立管理有序、良性互动的微信群，通过合理利用微信社群的形式定期组织学生就思想政治教育展开讨论交流。还可以在群里通过多种方式为学生进行实时的答疑解惑，有效地解决学生在学习和生活中的困扰，使微信真正成为高校大学生和高校教师沟通、促进学生发展的良好平台。

（二）微信公众号的创建和利用

1. 组织建设专业团队

对于"微信公众号"的板块建设方面，相关专业团队可以根据现有的微信平台技术，以学校和辅导员的相关工作内容为核心，为学生设立起更加全面的、具有整合性的事务办理信息汇总模块，除此之外，还可以适当增添一些周边高校的相关讲座、学校活动信息、学工工作内容，以及专门的学生问题解决模块。对于内容筛选与编辑，可以由专业团队进行相关思想教育工作的专题信息推送，不断贴近与联系学生的学习生活实际。举个例子，公众号可以针对奖学金获得者荣誉展示、优秀学生工作表现寄语、校内外相关教授名人发布的优秀文章等进行推送，不断丰富微信公众号信息传播的内涵和价值，帮助学生获得更加丰富多样的思想政治教育信息。

2. 优化调整传播策略

辅导员要通过微信公众号来实现更加优质的思想政治教育工作，其中工作效果实现的条件和前提是学生具有较高的参与度和关注度，微信公众号应当吸引更多的学生关注，才能不断实现其功能和作用。因此，需要高校辅导员及相关团队进行微信公众号信息传播和宣传的策略优化调整，培育和提升思想政治教育工作者的品牌推广意识，让学生能够更加充分地了解到学校的新媒体教育思路，使微信公众号能够获得学生的广泛支持和关注，不断增强学生的阅读学习参与度，为学生能够在微信公众号中进行更加强化的思想政治教育创造条件、奠定基础。辅导员和相关教育团队可以从优化推广方法入手，不断选择和寻找更加符合学生实际需求的方式来进行微信公众号的宣传。举个例子，在进行学校迎新时，面对新生可以加强对微信公众号的宣传，呼吁学生进行相关平台的关注，并且告知学生各类活动将通过平台进行，同时建立更加丰富的活动类型与平台相关联，拉近学生与平台工作的距离。通过此种手段能够不断保障平台的活跃程度，提高学生的参与和关注度。除此之外，还可以根据各种文艺、宣传、体育竞技、相关比赛等活动在微信公众号设置投票环节，增强微信公众号的存在感和参与感，不断增加学生的兴趣点，推动学生进行主动的分享和传播，以此来获得更多的学生关注，推动微信公众号的思想政治教育能够更加良好地实现。

除此之外，微信公众号作为信息传播的重要媒介，微信社群作为能在短时间内进行快速传播的工具，将其应用于高校思想政治教育的过程中，需要注重对高校大学生的思想引导。高校思想政治教师在利用微信平台进行思想政治教育时，其传播的内容必须抓住思想政治教育的重点，有针对性地向高校大学生输送优质的学习内容，在向学生传授知识的同时注重引导学生对海量的信息进行正确研判。使学生通过学习能够自觉坚持正确的政治立场，以辩证的思维看待人物、事件，对所接触的事件进行尽可能客观地分析和评论。帮助学生树立正确的世界观、人生观和价值观，促进思想政治教育工作的顺利开展，使高校大学生能够自觉抵制不良思想的侵蚀。

3. 保障推送时效质量

在当今的互联网时代，信息的传播速度与其中包含的信息量较大，学生会在日常生活中面临各式各样的网络信息传播和推广，因此学生的浏览注意力会呈现出碎片化的趋势，学生在进行网络信息浏览时视线会被分散。在信息量繁多的网络平台下，学生进行浏览时会呈现出浏览迅速等特点，但学生会根据自身所感兴趣的相关内容进行重点查阅，如一些娱乐信息、游戏项目等，而对于一些具有教育性质的文章，学生不会进行过多的关注，这将不利于辅导员通过微信公众号对学生的思想政治进行教育，会降低信息生命力。因此，要实现新媒体思想政治教育质量的提升，应当充分保障推送时效和推送信息的质量，提高信息中的趣味性和有效性，尽量避免内容信息过载。

第一，在推送时间上，应当选择更加符合学生阅读实际需求的时间段，举个例子，晚上 11 点是学生进行网络浏览和阅读的黄金时间。辅导员和相关团队进行信息内容的发布时应当做到及时、准确，不断保障和提升信息的实效性。

第二，在推送契机上，应当在重大节日、纪念日，如五四青年节、雷锋纪念日等具有教育性意义的重要节日之前进行推送内容的提前设置，要做到能够准确及时地发布相关信息，不断迎合和适应节日氛围，做好主题教育的相关工作。

第三，在阶段安排上，相关团队应当根据学生每天、每学期的相关需求，以及思想认识变化发展进行调研，根据学生的学习生活发展需求，对学生推送一些具有更高价值量的信息。

4.创设分步推进的发展版图

辅导员微信公众号的建设非一日之功，应当结合辅导员自身职业能力发展进行分步培养。

（1）培养基础性能力

主要是通过笔试入围、面试选拔、拟聘前培训、聘任后反复实践，以及后期的定期和不定期考核，使辅导员具备基本能够完成微信公众号管理者具体任务所需要的基础性理论知识和能力结构，能够结合微信公众号开展基本的思想政治教育及事务管理等工作。

（2）提升发展性能力

具备基础性能力的辅导员可根据自身特征、意愿及专业学习经历、兴趣爱好、特长优势等构建自身专业领域，并以辅导员微信公众号为平台推进自身政治理解能力、信息察觉能力、组织管理能力等能力的专业化发展，形成自我发展的优势。

因此，当前的主要任务是通过校内选拔辅导员组成微信公众号建设队伍，重视利用心理咨询和就业指导两支队伍，以及辅导员职业能力发展的经验，在"经验复制"的基础上努力实现创造性传承与创新性建设，逐步打造以思想政治教育专业为学科基础的专业化辅导员微信公众号团队，并把经验普及化，以加强各大高校辅导员队伍的交流。

5.挖掘分析数据反馈

微信公众号平台中的数据反馈是帮助辅导员实现更高质量的思想政治教育工作的重要途径之一，学生在进行微信公众号的浏览和使用之后，会呈现出相关的后台数据分析，并且学生也可以进行自主的留言和评价，这些功能和作用能够帮助辅导员在新媒体教育环境下，对思想政治工作教育进行全面了解，为辅导员推进工作顺利有效地进行提供更好的数据支持条件。因此，相关工作者应当充分重视微信所自备的后台数据分析功能，充分利用这一现有价值和数据收集途径，不断挖掘和分析学生的反馈意见，更加关注和全面理解学生的思想动态变化和需求。

（三）微信对思想政治教育的影响

1.增强了高校思想政治教育的实效性

微信作为当下流行的社交工具，为高校大学生和高校教师提供了一个表达意见、交流信息及分享思想的重要网络平台，也对高校思想政治教育产生了重大影响。高校大学生通过微信平台，随时随地接收和发送信息，能够通过各类公众号和学校、学院、班级等微社群获得思想政治教育方面的学习资源并进行互动分享。微信借助自身实时互动和动态化的特性为高校大学生提供了更加便利的学习条件，一定程度上满足了高校大学生在知识获取、情感熏陶、职业规划等方面的多样化需求。微信平台资源的合理利用，能够很大程度上为高校思想政治教育提供便利，促进高校思想政治教育质量的提高。既达到扩展思想政治教育路径的目的，又能够提高高校大学生对高校思想政治教育的认可度。

2.丰富了高校思想政治教育的形式

教师可以借助微信搭建授课平台，对学生进行线上授课。以云课堂为例，即便大家在不同的地点，也可以通过同一课程号码登录，进行统一的课堂学习，学生有任何问题可以通过发送弹幕的形式进行反馈，同学们也可以在弹幕中就老师提出的问题展开交流，这样的上课方式既新颖又提高了教学效率，不失为一种良好的授课主要手段。

四、"微时代"对思想政治教育的影响

（一）丰富了思想政治教育内容

"微时代"的出现和发展，为高校思想政治教育的发展提供了很多获取资源的渠道和手段，为高校思想政治教学提供了丰富的素材和内容。"微时代"带动了智能手机、智能移动终端设备，以及APP客户端的普及和广泛的应用，将人们之间信息的传递、交流和沟通，拉进了一个没有任何限制和障碍的时代。

微博作为"微时代"具有代表性的媒介，有利于丰富高校思想政治教育的内容。当前高校思想政治教育工作的首要任务就是要让马克思主义思想体系成为众多信息的主力军，让马克思主义思想政治教育的经典书籍成为高校大学生的必读之物，让高校大学生自觉养成马克思主义理论的爱好。生活在"微时代"下的广大青年高校大学生们要坚定不移地用马克思主义的基本理论观点、社会主义核心价值观，以及中国梦为引导，坚持传播正能量。利用微媒介的强大功能，实现信息资源之间的共享和交流传播，从而弥补传统思想政治教育模式中内容落后、信息不对称等缺陷，激发学生对于新时代、新时期，对新思想的学习热情和积极性，拓宽高校大学生的视野，激发高校大学生对思想政治教育学习的强烈求知欲，丰富高校思想政治教育的内容。

微博的主要特点就是互动性，高校微博一改传统思想政治教育的交往模式，

把藏在内心的话语以虚拟和隐蔽的形式，倾诉给思想政治教育工作者，双方处在相对平等的地位进行无障碍的交流，高校大学生把真情实意呈现在高校微博上，教育者可以接触到受教育者的内心深处，这样的思想政治教育才更有说服力。

（二）创新了思想政治教育方法

传统的思想政治教育方法主要是通过教师在课堂上的讲授课程、召开讲座等单一的形式进行"填鸭式"教学或者"满堂灌式"的教学，其思想政治教育的形式枯燥乏味，大大地降低了高校大学生的学习兴趣。教师作为思想政治教育的主体，传授知识的方法受到课本和课堂教育形式的限制，高校大学生和高校教师之间缺乏交流沟通，降低了高校大学生课堂上参与的积极性，教学的理论体系不能真正地被高校大学生及时地掌握，不能贯穿到高校大学生的头脑中，高校大学生只能被动地接收教师传递的信息，造成了高校大学生和高校教师之间出现了对立的现象，拉开了高校大学生和高校教师之间的距离。

微博、微课等的出现，逐渐将文字、图片、视频等形式与传统的思想政治教育教学结合起来，增强了高校思想政治教育教学方法的灵活性，提高了高校大学生主动学习思想政治教育的积极性，教学成果也得到了显著地提高，从而使思想政治教育的理念深入高校大学生的内心，实现高校大学生思想由外化向内化的飞跃。"微时代"下信息的传播还具有互动性强的特点，各种信息鱼龙混杂，高校大学生可以通过微信、微博等自由地表达自己的思想情感、看法及观点立场。高校思想政治教育工作者可以及时地了解和掌握学生的思想动态和心理诉求等。高校大学生和高校教师之间的交流不再只局限于课堂上，高校大学生和高校教师之间可以通过微信、QQ等建立群聊或可以通过微博互相关注，可以及时对高校大学生的学习、生活等方面的问题进行随时的交流和沟通，促进高校大学生和高校教师之间建立良好关系。情感交流与理论教学相结合，不仅可以增加高校大学生和高校教师之间的双向互动，还可以使高校大学生在思想水平不断地得到提升的同时，教师也赢得了学生的信赖和尊重。

"微时代"下信息传播的内容具有极强的吸引力，传播速度快，高校思想政治教育工作者要善于利用微平台对典型教育事件进行宣传和报道，传统的报纸、杂志等信息具有滞后性且信息传播的范围也较为有限，无法及时发挥榜样的示范力量，导致典型教育被弱化。对高校大学生进行思想政治教育借助典型教育法，可以使高校大学生潜移默化地接受熏陶，容易被高校大学生接受。坚持及时地更新高校思想政治教育教学的主要手段，而不是将此流于形式，不断地取得高校大学生的信任和支持，这才是思想政治教育能够真正取得实效的关键。

微博的便捷性，适合随时随地开展思想政治教育。微博无需发布人有多深厚的文字功底，只需要在日常发表只言片语，而且微博可以依托于多种终端，学生可以在宿舍用电脑浏览微博，也可以在外面随时用手机浏览微博。这种便捷性，增加了用微博开展思想政治教育的可行性，使学生随时随地接受教育，可以从单纯地在学校主动接受思想政治教育，变成日常潜移默化"润物细无声"式地接受思想政治教育。

（三）拓宽了思想政治教育渠道

在高校传统的思想政治教学过程中，受教育者获取信息的主要途径是通过教师面对面的讲授，以说教的方式进行知识的传授，信息的传递比较单一，教师一个人的输出严重地抑制了学生的求知欲，造成了高校大学生和高校教师之间地位的不平等，使学生缺乏质疑精神和探索创新精神，缺乏独立思考的能力。"微时代"的到来改变了高校思想政治教育教学的传统模式，为高校思想政治教育工作开辟了一条全新的渠道和手段，微电影、微视频等为思想政治教育工作注入了新的元素和活力。

"微时代"下传统教师的主导地位受到了挑战，学生从被动地接受知识，慢慢地变成了主动去接受知识的一方，学生的求知欲得到了激发。"微时代"下人们的交流可以在虚拟的条件下进行，打破了必须面对面交谈的形式，人们可以随时随地地进行语音、视频、短信等，也可以借助微媒介随时随地地发表自己的看法和意见，可以自由地表达自己内心最真实的想法和意见，可以随意地关注自己感兴趣的信息，拥有较大的自主性和主动性。

高校微博的开通，更是开启了高校网络互动的时代。在高校微博中，经常可以查找到学校有关宣传的信息和开展活动的内容，还不时与粉丝进行互动，增强学生的亲切感。

研究者从相关资料中了解到，现在绝大部分高校大学生经常通过微信、微博、微视频等微媒介了解国家大事和形势政策，只有一小部分高校大学生还是通过广播、报纸、电视等传统媒介进行相关资讯的了解，通过思想政治教育理论课去了解相关知识的学生更是寥寥无几，由此可见，大部分学生更加倾向于通过微媒介这一渠道进行信息的获取和传播，这就打破了传统媒介信息来源单一的格局，同时以微信、微博为代表的微媒介越来越得到高校大学生和高校教师们的喜爱和广泛应用。

（四）优化了思想政治教育环境

人的全面发展和进步总是离不开环境这一要素，不管是个人思想品德的形成，还是开展思想政治教育的活动，都受到自身所在环境的制约。但是，人具有主观能动性，这使得人们能够通过自己的努力在遵循客观规律的基础上去改变环境，为人们的各项活动包括思想政治教育活动提供优良的环境。在"微时代"背景下高校思想政治教育工作的整个环境体系，随着时代的变化发展发生了天翻地覆的变化，微媒介的广泛普及和应用，扩充和丰富了高校思想政治教育的教学资源和内容，打破了传统知识局限于书本、校园的现象。

思想政治教育能否取得良好的效果，取决于教育者与受教育者之间的交流和沟通。在传统的思想政治教育环境之中，学生和教师之间的地位一直是不平等的，教师一直处于高高在上的地位，而学生则处于被动地接受知识的地位，由于二者之间的地位不平等，使得在传统的思想政治教育课堂上，思想政治教育教学的效果一直不明显。"微时代"环境下的高校大学生思维活跃，有很强的独立意识，他们渴望被接受、被认同、被尊重、被理解，希望可以得到公平对待。所以，教育者要结合受教育者自身的特点，真诚地倾听他们的心声，时刻关注他们的动态，尊重他们的地位，与受教育者建立亦师亦友的良好关系。

（五）促进了思想政治教育资源共享

教育资源分布不均衡，是制约我国当前教育发展的主要问题。"微时代"的到来，有效地解决了教育分布不均衡的问题，"微时代"下信息的大众化传播，促进了信息资源的共享，打破了传统思想政治教育理论课堂单调乏味的氛围，弥补了我国高校一直以来思想政治教育资源单一不平衡的缺憾。

"微时代"的到来促进了高校思想政治教育资源从现实走向网络，从单一走向多元，面对面口述的知识授课方式逐渐被淘汰，"微时代"加速了传统书本和口头传授知识的速度，使静态的书本知识变得生动有趣。"微时代"下的信息传播具有瞬时性和开放性，使得思想政治教育工作者能够在第一时间进行选择和使用，而微博更新的速度更是以每秒钟数以万计次进行的，通过网页、信息门户等传输到网络空间，为高校大学生学习思想政治教育的内容提供一个阅读、浏览、学习、分享的平台，"微时代"所传递的信息量是以往所有的传统媒体都无法比拟的，大大提高了思想政治教育工作的效率，促进了思想政治教育资源的合理分配和共享。

以微博、微信、QQ等为代表的微媒介应用，瓦解了传统的点对点、面对面的教育形式，高校大学生可以自主地查找更多的学习资源，自己可以在网络上搜索相关的学习资源，高校大学生和高校教师之间可以随时进行交流，学生可以有针对性地与教师开展交流、讨论，及时地发表自己的看法和见解，有利于克服学生在课堂上胆怯的行为。思想政治教育者本身也可以从不同的教学资源中获取更多有价值的信息，不断地完善自己的教学目标和方法，使教学资源更加贴近高校大学生的生活。"微时代"促进了高校思想政治教育内容从传统静态的教授走向了动态的互动交流，从现实走向网络，从平面走向立体，促进了高校思想政治教育资源的共享。

第七章　高校思想政治教育方法创新

当前，大学生思想政治教育方法已经形成了以认识论为逻辑基础的思想政治教育方法体系。现有的这一体系较好地指导了大学生思想政治教育方法的理论研究和实践发展。但是随着社会的进步，原有的方法体系也应该进一步地更新与完善，以适应社会发展的步伐。总体上说，就是要对原有方法进行调整与归类，进而进行删减、更新，增添一些适应时代要求的方法，使当代大学生思想政治教育方法的结构更加合理。

第一节　构建协同教育体系

2016年12月，习近平总书记在全国高校思想政治工作会议上指出："要用好课堂教学这个主渠道，思想政治理论课要坚持在改进中加强，提升思想政治教育亲和力和针对性，满足学生成长发展需求和期待，其他各门课都要守好一段渠、种好责任田，使各类课程与思想政治理论课同向同行，形成协同效应。"但就目前情况来讲，一些高校存在思想政治理论课教师"单打独斗"的现象。所以，高校应当想办法将思想政治教育融入各专业学科，构建专业课程与思想政治教育同步发展的教育体系。

一、目前高校思想政治教育的困境

就调查了解的情况看，一些高校的思想政治理论课程与专业课程依然是"两张皮"。一方面，思想政治理论课一味地向学生灌输政治理论知识，完全不顾学生的自身需求，导致学生上课没有积极性，学习效果较差；另一方面，专业课程又特别"专"，教师上专业课只是依照课本简单复述专业知识，很少有教师将专业课讲得有温度、有感情，这会导致学生对专业课缺乏兴趣。如果专业课与思想政治理论课不能形成交叉和互补的关系，就很难形成合力。要解决这一问题，高校就必须从学生自身情况出发，改革创新思想政治教育体系，构建思想政治理论课与专业课协同育人体系。

二、思想政治教育的改革措施

将思想政治教育融入各科教学，是一项任重而道远的工作。一是高校要从全校的办学理念、办学宗旨和人才培养目标出发，确保中国特色社会主义办学方向。二是要从思想政治理论课教学改革和专业课教学改革两方面入手，构建思想政治理论课与"课程思政"协同教育体系。三是教务处、学生处、各院系要相互配合，在教学工作中共同构建"全程育人"体系。

（一）改革思想政治理论课相关制度

高校思想政治理论课是对大学生开展思想政治教育的主渠道、主阵地，需要进一步强化育人功能。首先，遵从思想政治理论课建设准则，以《高等学校思想政治理论课建设标准（2021年本）》为教学准则，完善好备课、听课制度，严格把控教学内容及教学质量。其次，修订思想政治理论课教学大纲，由思想政治理论课教师对教学目标、教学内容、教学手段、实践课程以及思想政治教育在课程体系中的定位进行重新审视与考量，对每节课的内容进行分析，提升理论高度。再次，理论联系实际，要求教师用书本理论分析现实生活，引导学生将所学理论应用到实践中去，强化学生的社会责任感，提升政治敏感度，正确处理各种问题。最后，使用调节测评的方法检测教学成果。如果不重视反馈测评，部分教师可能会存在侥幸心理，不注重教学的实际效果。可以说，没有调节测评环节，思想政治理论课就很难开展下去。

（二）创新思想政治理论课教学体系

首先，推进教学模式的创新。思想政治理论课一定要以党建内容为指导，重视发挥党员教师的先锋作用，举办先锋讲坛，为广大师生展示优秀劳模案例，同时也要注意将中华优秀传统文化融入教学，用儒家文化解读政治思想，从而提升课堂的吸引力。其次，开设试点课程。开设的试点课程包括上海大学的"大国方略"、同济大学的"中国道路"、华东政法大学的"法治中国"、上海对外经贸大学的"人文中国"等。开设这些课程有利于坚定大学生对中国特色社会主义的道路自信、理论自信、制度自信、文化自信，不仅能够帮助学生全面了解国家，增强民族自豪感，而且开阔了学生的视野，引发了学生的政治思考。

（三）建立思想政治理论课与"课程思政"协同教育体系

"课程思政"充分体现了每门课程的育人功能和育人责任，各高校应以具体的专业课程为载体，提高全体教师思想政治教育的主动性，改变专业教师"只教书不育德"、思想政治理论课教师单兵作战的状况，加强"课程思政"建设。一是加强专业课教师的思想政治教育，确保专业课教师与思想政治理论课教师同向同行，在教学中坚持马克思主义科学立场，杜绝传授封建迷信思想。二是从人才培养方案、专业课程的教学大纲、教案、课堂教学和课程考核等角度提出全面要求，深入挖掘专业课程的思想政治教育元素，强化思想政治教育功能，构建思想政治理论课与"课程思政"相协同的教育体系。三是提高专业课教师的政治敏感度，坚持原则，把握方向。

（四）强化监督和考评机制

首先，高校应组织督查队伍，旁听各类课程的课堂教学，在学生评教活动中，设立思想政治教育评教项目，从教学层面对"课程思政"提供机制保证，督促教师坚持正确的立场。其次，教学管理部门应以教学水平评估或专业认证为依托，将思想政治理论课的具体开展情况作为教学评估的重要内容，将开展成功的优秀案例筛选出来供学校师生学习，并且对这些优秀教学成果进行奖励，提升教师教学的积极性。最后，建立相关指导部门，即学校思想政治教育指导部门。只有学校的各个部门相互配合，共同探究，才能强化思想政治理论课与"课程思政"的协同效应。只有全校师生共同努力，才能深入推进"课程思政"与思想政治理论课的协同教育。

"课程思政"与思想政治理论课协同教育体系，是一场长久且意义深远的教育改革。高校思想政治理论课建设应当结合当前学生特点与社会经济发展实际情况，密切思想政治教育工作者与广大师生的关系，紧追时代潮流，用科学的手段与先进的教学方法，为整体推进高校思想政治工作提供支持。

第二节　开展社会实践活动

社会实践是思想政治教育的重要组成部分，实践内容、参与形式及活动场所等都会对参与社会实践活动的主体——大学生产生思想、行为等多方面的影响。一方面，社会实践将教育对象由被动转变为主动，激发了实践主体参与社会实践的主动性和积极性，提供了创造性空间；另一方面，实践参与者将理论与实践相联系，增加了思想政治教育的生动性，有利于实践教育目标的实现。

一、社会实践与思想政治教育的关系

（一）社会实践是思想政治教育的重要载体

思想政治教育载体是思想政治教育主体所运用的，能够承载和传递思想政治教育的内容或信息，促使思想政治教育主体和客体之间相互作用的一种活动形式或物质实体。

社会实践活动具备了思想政治教育的条件和要求。首先，社会实践被思想政治教育主体当作教育的载体，广泛应用；其次，社会实践活动承载和传递了思想政治教育的内容；最后，社会实践使主体学生与客体实践活动之间产生了相互作用。学生参与社会实践是相互作用的过程，一方面，社会实践为主体提供了实践场所；另一方面，社会实践作为教育的形式和载体使实践主体在参与实践过程中，实践体验更加丰富，对理论的认识不断深化，从而为思想政治教育目标的实现提供了载体。

（二）思想政治教育为社会实践提供价值导向

由于社会实践活动是在校外开展的，大学生在参与社会实践活动过程中思想意识在不断变化，因此需要对大学生参与社会实践进行长期引导。

思想政治教育为社会实践提供价值导向主要体现在以下两个方面：首先，思想政治教育为社会实践提供了方法论引导。高校在做大学生思想政治工作时，要坚持马克思主义方法论指导，坚持一切从实际出发，实事求是。思想政治教育作为一种理论依据，可转化成方法论，为大学生社会实践活动开展提供具体的内容、方法、手段等方面的指导。其次，思想政治教育为大学生社会实践提供认识论指导。大学生参与社会实践活动可能会受到不良实践环境的影响，产生消极以至错误的思想和行为，继而影响实践活动开展的实际作用和效果。所以在实践过程中，更应该将科学的认识论作为实践的指南，减少错误思想观念对学生的消极影响。

（三）社会实践与思想政治教育目标具有一致性

思想政治教育内容随着社会实践的深化而改变，并随着社会实践的发展转变其内容、形式、手段。社会实践活动可以充分发挥思想政治教育的主动性、积极性，不仅能够提升实践者对思想政治教育理论知识的理解和掌握，而且能够提升实践者的身体素质、政治素质、道德素质等。当教育对象掌握一定的思想理论、道德意识、政治观念，实践主体就会以思想指导社会实践的方向，在实践中达到思想政治教育的目的。社会实践和思想政治教育都能达到教育目标，因此既要重视实践的作用，也不能忽视思想政治教育理论的指导，应保证社会实践能够朝着积极的方向发展，实现预期效果。

总而言之，高校思想政治教育关注学生的全面发展，而社会实践作为高校实践教育重要的组成部分，同样关注学生综合素质的提升。由此可见，思想政治教育与社会实践的目标是一致的，我们应该认识到二者的内在联系，使之相辅相成，相互促进。

二、大学生社会实践创新路径

（一）加强和完善组织管理

首先，加强组织管理机制的规范化。建设社会实践的各项措施需要规范的组织管理机制来保证落实到位。建立这种机制就是要确定社会实践的目标，明确学校组织系统中各部门（如团委、宣传部、教务处、人事处、科研处、各院系等）在大学生社会实践中的职责。需要指出的是，校团组织要勇于放权，一切只要有利于社会实践活动的有效开展，都应该大胆去尝试。在具体的实践活动中，要注意把活动的"点""线""面"相结合，既要重视社会实践的"点"和"线"，把某一类实践活动搞得有声有色，又要关注面向学生个体的社会实践活动。同时，也应在社会实践主题的确定、实践方式的选择、具体实践活动的实施、实践报告的撰写等方面给予学生有效的指导，并明确提出关于实践的具体要求。

其次，丰富大学生社会实践的形式和内容。社会实践要形成自身的特色和品牌，既有利于实践活动的稳定开展，又不断迈向新台阶。要充分考虑地方的需要，大力开展多种人民群众迫切需要的服务活动，如支教、法律援助活动等，也可以采取不同的活动形式，如社会调查、生产劳动、志愿服务、公益活动等，但一定要深入下去，不能浅尝辄止，做表面文章。要有不怕吃苦的精神，如做农村社会调查时，完全可以到田间地头访问，采写实实在在的数据，了解劳动者真正的心声，掌握第一手资料。大学生只有切实感受到社会最真实、最有用的东西，才能真正有所提高。

最后，完善大学生社会实践的监督、考核评价机制。高校社会实践的对象是全体大学生。因此，要建立真正对广大学生起激励作用的实践考核评价机制，把社会实践成绩记入学分。另外，可考虑建立社会实践资信证书制度，把参与社会实践的质量与学生将来的就业挂钩，以此来提高学生参与社会实践的积极性。

（二）推进大学生社会实践、科技实践和创业实践基地建设

首先，建设社会实践基地。一方面，大学生可以充分结合区校、村校、校企共建服务活动，在区县、农村、企业建立实践基地；另一方面，大学生可以以班级、院系、社团等组织为单位，就近建立实践基地，各实践队伍与各实践对象可以建立长期的合作关系。同时，不同年级的学生还可以采取以老带新的方式组团

开展活动，增强实践基地的传承性，为更多大学生经常性地参与社会实践活动提供机会和渠道。这种结合大学生的专业特点、自身优势开展的社会调查、企业管理活动，不仅能为社会和企业提供技术服务，也可以帮助大学生通过社会实践提升专业技能，锻炼适应社会的能力。

其次，建设科技实践基地。高校可以通过开展诸如全国"挑战杯"科技竞赛、国家大学生创新性实验计划等活动，在校内建立大学生科创中心，并将其作为科技实践基地。同时，高校可以开展各项科技文化活动，为巩固科技实践基地奠定基础，提高学生参与科技实践的积极性。完成一定创新实践并取得成果的大学生，可由学校组织专家审核认定后，奖励一定的学分。从科技创新的角度承认大学生的科技成果，会提高大学生的科技创新能力，同时也会激发学生进一步学好科学文化知识和积极参与科技实践基地建设的兴趣，形成良性循环。

最后，建设创业实践基地。高校不仅要满足学生创业实践的基本要求，还要通过开展系统的创业教育，对学生进行创业知识培训，鼓励学生把自己的所学、所思运用到创业活动中去。同时，高校相关部门还可以与企业联合建立创业实践基地，鼓励学生将在创业计划竞赛、大学生课外科技作品竞赛中的作品和创意应用到创业实践中去，从而提高大学生理论与实践相结合的意识，增强大学生创业的积极性。

第三节　发挥学生组织的力量

大学生是国家未来的接班人和建设者，培养出更为优秀的综合型人才是高校教育的重中之重，不仅关系着学生的未来，更关系到国家和民族的未来。让学生组织管理学生非常有必要。在学生管理中，学生组织作用巨大，既是学校和学生沟通的桥梁，也是高校在学生管理工作中的重要一环。搞好学生组织，关系到学校的稳定和发展，成为建设和谐校园的重要因素。

一、学生组织的内涵

学生组织的广义定义是指由学生自愿组成的，按照章程开展活动的非营利性群众组织。狭义定义是指在教育单位内，由学生组成的，接受学校党委领导、团委指导的，自我服务、自我提高、自我管理、辅助教学的组织。

学生组织的具体形式包括学生会、大学生国防协会、高校共青团新媒体中心、学生社团联合会、大学生志愿者联合会、大学生自我管理与服务委员会等。学生会是学校中的组织结构之一，是由学校组织、领导的，学生自己的群众性组织，是学校联系学生的桥梁和纽带，是学校最重要的学生组织，其领导部门为学校的党组织或学校的学生处，其指导部门为学校团组织。

二、学生组织的定位

现代学校里的学生组织，其本身是具有双重角色的，在一定程度上代表校方，同时又是学生的代表。在学校、学生组织、学生三方互动的过程中，学生组织必须做好自身的定位。

学生组织应找准在学生中的位置。学生组织，特别是学生会，是由广大学生选举产生的，因而应努力为广大学生服务，注意克服高高在上、无视学生的错误思想。凡事以是否有利于学生的学习、生活和进步为出发点，这样才能在学生中树立良好的形象，打下坚实的基础，使学生感觉可亲、可近和可信，才能充分发挥学生组织在师生之间的桥梁与纽带作用。学生组织成员在班级中也具有双重身份，他们既是学生干部，又是普通学生。学生组织成员在班级中既要服从班级管理，又要积极主动地协助班委会开展好班级工作，这样才能在促进和谐校园建设中起到先锋模范作用。

学生组织应找准在教师中的位置。学生组织的工作应接受教师的指导，但不能完全依赖教师。学生组织的工作思路应来源于教师的指导与学生自身的理性思考，从而可以保证学生组织既具有相对的独立性又具有正确的方向性。这样学生组织的工作才能更贴近学生，更易于被学生接受，才能为促进和谐校园建设发挥应有作用。

三、加强高校学生组织的团队建设

第一，完善制度，规范体系，优化学生组织结构。每一个学生干部的工作理念是有差别的，做事风格也不尽相同。这就导致换届前后的学生组织在对校园文化的理解、活动的侧重点、工作的具体要求上都会有所不同。在这样的情况下，为了保证学生组织长期目标的实现和价值观念的传承，保证组织运作的效率，规范化管理是不可或缺的。

（1）建立完善的管理制度和规范的工作体系，使学生组织每一阶段的工作重心明确，有章可循，有据可依，能够在学生组织换届时保证各项工作的平稳过渡和组织精髓的良好传承。例如，制定学生组织章程、会议制度、监督考核制度、奖惩制度、学生活动管理办法等，保证学生组织工作高效有序进行。

（2）为了提高学生组织制度化、规范化管理的实效性，要特别注意制度出台的科学规范性、公正合理性以及制度执行的严肃性。

（3）随着社会变革速度的加快，每一届学生的特点也越来越突出，学生组织的制度化管理要注意以学生为本，调动学生的积极性和创造性，挖掘其潜力。

第一，要明确各学生组织的工作职责和功能定位，保证各学生组织工作的协调，使组织各部门的作用能够得到充分发挥，也保证组织内学生干部有足够的锻炼机会和成长空间。

第二，构建信息传递与互动的平台。在学生管理工作中，可以以学生组织为媒介构建信息传递与互动平台。学校可以通过学生组织进行"自上而下"的信息传递，同时也可以通过学生组织获得"自下而上"的基层意见。因此，学校在校园文化方面的建设有必要通过学生组织的媒介作用，来实现学校与学生之间的互动。比如，学生组织通过论坛、学生活动、调查等形式获取学生方面的信息，为学校决策提供依据。而学校在校园文化方面所做的相关努力，可以通过学生组织来达到宣传、解读与反馈的作用。

第三，整合资源，全力打造品牌学生活动。学生活动是开展爱国主义教育的载体，是促进校园文化建设的重要手段，更是学生锻炼自我的良好平台。如果学生活动缺乏统筹、没有特色，不仅会消耗学生过多的精力，影响学习成绩，也会影响活动质量，无法得到学生的广泛认可，这不仅打击学生干部的积极性，更无法实现通过主题鲜明、内容丰富的活动培养人、教育人的目的。应通过建设品牌学生活动，有效地解决这些问题。在校园文化建设中应主动出击，有鲜明的主题、突出的特色和较高的文化内涵，弘扬主旋律，开展学生喜闻乐见的校园文化活动，调节学生的精神生活。应注意不同层次的学生需求，注重活动中科学教育与人文教育的"兼容并包"，积极引导学生树立高品位的审美情趣。

另外，还应该抓住一些纪念日，如五四青年节、建党节、国庆节等，开展一些健康向上、生动丰富的纪念活动，加强对学生的爱国主义、集体主义的教育，坚定学生"高举党旗跟党走"的信念。品牌活动一旦形成，不仅能够扩大学生组织的影响，锻炼学生干部队伍，更能让学生干部从广大同学对这些活动的喜爱和参与中获得认同感和成就感，进而极大地调动工作热情，积极主动地去开展工作。

第四，积极引导，着力培养学生骨干的创新能力。学生骨干是各学生组织的核心和关键，他们的思想素质和业务水平直接影响到学生组织的形象和作用的发挥。当前，一些学生的人生观、价值观越来越复杂，学生骨干也受到影响，出现工作热情不高、创新意识缺乏等问题。学生骨干具有创新意识和良好的执行能力，能积极主动地去思考工作方法，有创造性地开展工作，是学生组织充满活力的关键。

要想培养学生骨干的创新思维和创新能力，就要营造一个鼓励创新的良好氛围和民主自由的宽松环境，尽量消除可能阻碍创新的思维惯性和固定模式。在坚持大方向正确的前提下，积极鼓励学生骨干改变陈旧的活动形式，用新形式展现经典活动，用发展的眼光看问题，从时代和学生的需求出发，不断开拓学生活动的新领域。

另外，要根据每个学生骨干的特质挖掘他们的优点。在平时的日常教育管理和具体活动的指导中，对学生骨干高标准、严要求，通过培训、参观、讨论等形式加强学生骨干基本知识和技能的储备，要求他们在工作中努力学习新知识，发现新情况，开动新思维，运用新方法，解决新问题，使学生组织成为有生命力的创新团队。

综上所述，高校学生组织是大学生参加社会实践活动、提升综合能力的重要平台，高校学生干部是学生群体中的骨干力量。只有建设一支高素质的学生干部队伍，打造出一支高效率、战斗力强的学生组织，才能使学生的第二课堂更加丰富和生动，学生的综合素质不断提高，学生组织工作更加顺利地开展。

第八章　高校思想政治教育载体的发展及创新

第一节　高校思想政治教育载体的内涵

一、大学生思想政治教育载体的内涵

载体最早作为一个科技词汇出现于化学领域，后来广泛应用于科学技术的各领域，其基本含义可概括为：某些能传递或运载其他物质的物质。随着社会信息化的发展和学科综合化的加强，这个概念被引入社会科学领域，为众多学科所广泛使用，通常被理解为承载知识和信息的形式。这是载体的引申义，也是它在社会科学领域的一般含义，具体到不同的学科，对载体概念内涵的界定及其运用就出现很大的区别。

思想政治教育是指一定的阶级、政党、社会团体用一定的思想观念、政治观点、道德规范，对其成员施加有目的、有计划、有组织的影响，使他们形成符合一定社会、一定阶级所需要的思想品德的实践活动。在这一过程中，教育主客体之间是通过一定形式联系起来的，我们就把这些能承载、传导思想政治教育的信息或内容，能为思想政治教育主体所运用和操作，主客体可借此发生互动的形式，称为思想政治教育载体。大学生思想政治教育是思想政治教育的重要领域，通过一定载体进行大学生思想政治教育，是大学生思想政治教育运行过程内在规律的要求。在大学生思想政治教育实践中，教育者都会自觉不自觉地用到某些载体，但并不是每个教育者对载体都有明确认识。这是因为目前对大学生思想政治教育载体的理论研究还比较薄弱，突出地表现为对其内涵的把握不够科学，以及对具体载体的认识模糊，甚至是出现偏差。作为大学生思想政治教育的载体，必须同时满足下列两个基本条件：

（一）思想政治教育的综合载体

1.载体是能够承载知识和信息的形式

大学生思想政治教育载体作为载体的一种具体表现，它应该是能够承载大学生思想政治教育内容和信息的形式，不承载大学生思想政治教育内容和信息的形式，不能成为大学生思想政治教育载体。例如，开会、办研讨班、大众传播、谈话、管理等形式，只有当它们有了教育者的思想政治教育目的的指向性，蕴涵着大学生思想政治教育的内容和信息以后，才成为大学生思想政治教育的载体。

2.教育载体必须为教育主体所操作

有些形式虽然能够承载一定的大学生思想政治教育因素，但是不易于操作、不能为教育主体所控制，也不能看作是大学生思想政治教育载体。例如，社会风气、社会经济状况等也能承载一定的大学生思想政治教育因素，但是它们非常复杂，不易于被大学生思想政治教育主体掌握，因而不能笼统地被看作是大学生思想政治教育载体。

（二）教育载体的形式

思想政治教育是一个系统，其运行过程是由这一系统的诸多要素相互联系、相互作用构成的，也就是说，是教育者和受教育者在一定的教育目的的指导下，借助于一定的方法、手段相互作用的过程。在这一过程中，要素之间是紧密相连、互相制约、互相依赖的，各要素是通过一定的途径和形式相联结的，载体就是各要素之间的联结点。换言之，思想政治教育的各要素一进入教育过程，就要通过一定的载体相联系。没有载体，思想政治教育过程就不能成为现实的运动过程。社会所要求的思想观念、政治观点和道德规范等大学生思想政治教育信息，只有通过大学生思想政治教育载体承载达到教育客体面前，才能为他们所感知，对他们产生影响，使教育信息发生交流、传播等形式的运动，大学生思想政治教育活动才能够完成。作为联系教育主体和教育客体的一种形式，大学生思想政治教育载体主要表现为两种形式：

1.表现为综合的教育形式

大学生思想政治教育是一个有目的、有计划、有组织的具体过程，要采取一定的教育形式，这样的教育形式就是大学生思想政治教育载体。例如，大学生思想政治教育可以采取思想政治理论课教学的形式进行，这种形式承载大学生思想政治教育的内容、原则、方法，并且教育主客体可以借此相互作用，它就是大学生思想政治教育的载体。

2.表现为具体的活动形式

大学生思想政治教育的目的要通过一个一个的教育活动来实现，其过程就表现为大学生思想政治教育的展开、运行、发展的流程，是由教育活动或单独，或先后衔接，或横向呼应所构成的。例如，大学生思想政治教育可以通过社团活动、创建活动、社会实践等活动进行，这些不同的具体活动就是大学生思想政治教育的载体。当然，载体的这两种表现形式的区分是理论上的、是相对的，更多的情况下，在现实的大学生思想政治教育过程中它们是融为一体的。

总之，只有同时具备上述两个基本特征，才能将其看作是大学生思想政治教育载体，也才能加以恰当地运用，而不能同时满足上述两个条件的，则不能当作是大学生思想政治教育载体。

二、大学生思想政治教育载体的历史发展

从历史发展来看，20世纪90年代初期应该是我国大学生思想政治教育的一个重要转折点。在这一时期，我们党纠正了忽视大学生思想政治教育的倾向，确立了大学生思想政治教育的首要地位；优化了大学生思想政治教育的渠道和途径，构建了较为完整的大学生思想政治教育网络；拓展了大学生思想政治教育队伍建设的视野，建立了一支高素质的大学生思想政治教育队伍；完善了大学生思想政治教育新的管理体制，初步形成了全员育人的格局。因此，为了便于对大学生思想政治教育载体进行历史的研究，我们可以根据大学生思想政治教育的历史发展，以这个时期为大致分界线将其划分为传统载体和现代载体。大学生思想政治教育的传统载体是指伴随着我国大学生思想政治教育的产生而产生，并在现时期继续发挥教育作用的载体。大学生思想政治教育的现代载体是指随着现代经济社会发展产生的、适应大学生思想政治教育新变化的、具有鲜明时代特征的载体。从一定意义上说，大学生思想政治教育的传统载体和现代载体的划分是相对的，许多传统载体随着形势的发展在不断丰富和完善，赋予了新的时代内涵；而现代载体大都植根于传统载体，只是在原来的情况下状态不显现、作用不明显。但是通过传统载体和现代载体的划分，我们可以清晰地分析大学生思想政治教育载体发展的历史脉络，也为我们研究大学生思想政治教育载体的发展与创新提供一个理论和现实的切入点。

（一）传统载体的主要形式

1.课堂教学载体

课堂教学在大学生思想政治教育过程中起着十分重要的作用，也是大学生思想政治教育的主渠道和主阵地。当前，在各高校普遍开设的思想政治理论课是加强大学生思想政治教育的主渠道，也理所当然地成为大学生思想政治教育的主要载体。因此，加强思想政治理论课建设，提高教学效果，就成为大学生思想政治

教育载体建设的重要环节。思想政治理论课教学经过近年来的实践，在对大学生进行爱国主义、社会主义、集体主义教育，引导学生树立正确的世界观、人生观、价值观等方面发挥了重要作用。在许多高校，思想政治理论课教学愈来愈受到广大师生的普遍重视和欢迎。但毋庸置疑，当前，思想政治理论课教学仍存在许多不容忽视的问题，一定程度上影响了其主渠道作用的发挥。

2.传媒载体

大学生思想政治教育以传媒为载体，就是教育主体通过各种大众传媒工具，向大学生传输思想政治教育内容，使其在广泛接受社会信息的同时，接受思想政治的教育与熏陶，从而全面提高自己的思想道德素质和科学文化素质。随着信息技术的迅猛发展和社会交往的日益增多，我国的大众传媒有了长足的发展，这为大学生思想政治教育以其为载体提供了科技的条件和物质的基础。但是，大众传媒所反映的内容及其对人们思想的影响都是复杂的，既有积极上进的一面，也有消极颓废的一面，不同的信息使大众传媒的教育、引导作用可能出现相互抵消、相互干扰的矛盾现象。

3.谈话载体

谈话是大学生思想政治教育者与一个或几个受教育者进行面对面的交谈，向其传输某种思想和观念，帮助其解决某种思想问题或认识问题的一种教育形式。它可以通过会议、报告、座谈、谈心等形式进行，它把解决思想问题与解决实际问题有机结合，具有实践性、可操纵性和简便易行性。它通过教育者与被教育者的双向交流进行，主要包括集体谈话与个别谈话两种类型，作为大学生思想政治教育最基本、最经常的一种载体形式，到目前为止，还没有一种载体形式可以完全取代它。

4.典型载体

典型载体是指在大学生思想政治教育工作中，通过树立典型、宣传典型，用先进人物的优秀品德激励、感染、影响受教育者。大学生在社会生活中都在自觉或不自觉地学习、模仿自己心目中的榜样，这对于他们提高道德认识，培养道德情感，坚定道德意志，规范道德行为，确定人生的奋斗方向，具有强有力的感染力和说服力。运用典型载体进行大学生思想政治教育可以给大学生以无穷的精神激励，对大学生的品格向榜样人物的品格转化产生积极影响。

5.活动载体

活动载体是将大学生思想政治教育的内容寓于各种活动之中，通过开展活动的方法进行大学生思想政治教育活动。活动载体包括社会调查、公益劳动、社会服务、科技服务、勤工助学和挂职锻炼等多种形式载体。以活动为载体，有着其他大学生思想政治教育载体所不及的独到之处：一是使大学生思想政治教育内容为大学生们潜移默化地接受。大学生的心理特点表现为热情、好动、善思，组织形式多样的活动，寓教于乐，能够起到事半功倍的效果。二是能较好地实现教育与自我教育的统一。良好的思想道德素质的养成，只有在社会活动中才能完成，这是符合思想道德素质形成发展规律的，通过开展大学生喜闻乐见的活动，可以促进大学生思想政治教育客体的主体化，使受教育者积极主动地接受教育，实现教育与自我教育的有机统一，增强大学生思想政治教育的渗透力，扩大教育面，提高教育实效。

（二）现代载体的主要形式

1. 网络载体

从广义上来讲，网络载体属于传媒载体的范畴。但是，网络作为一种新型的媒体形式，与其他传媒形式有重大的不同，并且利用网络开展大学生思想政治教育是一种全新的教育形式。因此，我们将其作为一种现代载体形式。美国著名的未来学家阿尔温·托夫勒曾说："谁掌握了信息，控制了网络，谁就拥有整个世界。"互联网这一信息载体，如果我们不用马克思主义的思想去占领，它就必然会为别的政治思想所利用，因而大学生思想政治教育工作如果离开网络这一现代化的载体，大学生思想政治教育的时空将会日益缩小，阵地将会日益狭窄。要重视和充分运用信息网络技术，使思想政治工作提高实效性，扩大覆盖面，增强影响力。因此，建设并运用好网络载体，通过网络大力传播与特色社会主义建设相一致的思想观念、价值观点、道德规范以及其他先进文化，是新时期大学生思想政治教育的一种重要载体形式。

2. 文化载体

"以文化为载体，就是将文化看作一个动态过程，把大学生思想政治教育的内容寓于文化建设之中。"一般认为，文化主要由符号和语言、价值观、规范、物质产品等因素构成，其中，价值观及其具体化的规范是文化的核心。与此相吻合，大学生思想政治教育工作的任务正是向受教育者传输符合我国社会发展要求的价值观以及相应的法律、道德规范等，以使受教育者的思想和行为向着社会要求的方向发展。大学生思想政治教育以文化为载体，就是指大学生思想政治教育者充分利用各种文化产品，将大学生思想政治教育的信息和内容寓于文化建设之中，通过文化的宣传以及文化潜移默化的熏陶作用，对受教育者进行影响，以达到提高受教育者的思想道德素质的目的。随着高等教育的发展，文化在大学生思想政治教育中的作用由模糊到凸现，并成为大学生思想政治教育一种重要的现代载体形式。

3. 管理载体

　　所谓大学生思想政治教育管理载体，就是以各种管理活动为载体，就是将大学生思想政治教育的内容或信息渗透到管理活动之中和各种具体工作中，提高大学生思想政治教育的有效性。大学生思想政治教育管理载体具有广泛性、社会性、渗透性、综合性的特点。大学生思想政治教育之所以将管理作为载体，根本的原因就在于管理载体能加强和优化大学生思想政治教育工作，提高教育的有效性，更好地实现大学生思想政治教育自身的功能。管理与大学生的学习、生活和成长同行，也与他们的思想意识同行。大学生的思想认识问题能够通过管理为教育者所掌握，教育者的教育内容、信息和目的也能及时通过管理传达到教育对象，影响他们的思想道德状况。并且，大学生的很多思想问题来源于管理，有的甚至本身就是管理问题。虽然管理活动的基本内容是协调社会或者组织内部的人力、物力与环境的关系，但其实质是调节人与人之间的关系，调动人遵守良好习惯的积极性，从而达到一定的目标。大学生思想政治教育工作的重要任务也是要理顺人之间的关系，使受教育者达到社会所期望的素质，实现人的全面发展与他人发展的良好互动，实现社会的和谐。长期以来，我们只认识到管理和教育的相辅相成性，而没有做到二者的高度融合。因此，把管理纳入大学生思想政治教育现代载体体系，可以保证管理目标和大学生思想政治教育目的的双重实现，有效解决当前大学生思想政治教育存在的"两张皮"现象，使大学生思想政治教育由"虚"落到"实"处。

　　4.心理咨询载体

　　心理咨询是指以语言、文字为媒介，通过建立良好的人际关系，在心理方面给咨询对象以帮助、教育、启迪的过程。借鉴心理咨询的技巧与方法，能增强大学生思想政治教育的有效性。心理咨询作为大学生思想政治教育的一种新的辅助手段，是大学生思想政治教育的延伸和补充，以其独特的工作角度和作用方式，发挥了一种不可替代的特殊功效。心理咨询遵循平等性、尊重性、保密性的原则，以技巧型的对话方式，在咨询者与咨询对象间营造了一种和谐、融洽、情感协调的心理气氛或条件，并且可能在短时间内，将这种关系达到相当密切的深度。成功的心理咨询，会最终达成感情上的沟通，心理上的共鸣，认知上的共识，思想上的统一。运用心理咨询的理论和方法，能够对大学生的认知、情感和意志过程施加作用。通过对认知因素、认知结构的调整，可以更新大学生的认知角度，扩大认知范围，增强认知力度。通过对情感过程的调节，可以帮助大学生学会疏导和宣泄不良的情绪，保持情绪的成熟和稳定。通过对大学生意志的培养，可以促使大学生挖掘自身潜能，以顽强的意志克服困难和挫折，迎接挑战和适应社会。心理咨询普遍进入大学校园和大学生的内心生活为期不过十年的时间，但是它顺应大学生心理成长的需求，受到大学生的热烈欢迎，日益成为大学生思想政治教育一种独特的现代载体形式。

第二节 高校思想政治教育载体发展与创新的意义

一、高校思想政治教育载体发展与创新是时代发展的必然要求

（一）社会主义市场经济体制与教育载体

当前，随着我国社会主义市场经济体制的逐步建立和完善，社会成员思想观念多元化、价值取向多样化日趋明显。市场经济激发了人们主体意识的生成，同时诱发了个人主义倾向；增强了效益观念和求实精神，同时诱发了拜金主义和重利轻义的思想，造成一些领域社会道德失范，甚至某些地方封建迷信、邪教和黄、赌、毒、黑等社会丑恶现象沉渣泛起，这一切都给大学生的成长带来不可忽视的影响。在观念多元化的社会，如果没有一个先进的主导意识来统率全局，就会造成人们思想的混乱、道德行为的失范、生活的无序。因此，在大学生的意识形态还没有定型，世界观、人生观、价值观尚未完全形成的时候，如何发展与创新教育载体，既能立足于市场经济自主经营、平等互利的实际，引导大学生增强主体意识，树立平等互利、公平公正、诚实守信的道德观念，又能立足市场经济的竞争性、求利性的实际，引导大学生树立开拓、进取、发展与创新的观念和功效性价值观念，积极应对市场经济对大学生思想政治教育所带来的风险性、不确定性，提高大学生思想政治教育的针对性和有效性，就成为大学生思想政治教育载体发展与创新的重要内容。

同时，随着对外开放的不断扩大，大学生思想政治教育处在一个与国际社会交往频繁、相互影响加深的环境中，各种思想文化相互激荡、碰撞，各种错误理论和思潮加紧了对大学生的争夺。"学校从来是西方敌对势力对我国进行意识形态渗透，实现其西化、分化图谋的重要目标，一些带有意识形态目的的教育机构会乘机而入，教育领域维护社会主义意识形态，反对西化、分化的任务将更加艰巨"。另外，世界范围内不同思想文化的相互激荡，使大学生成长的文化环境变得更加复杂，各种思想文化纷至沓来，它们之间有吸纳又有排斥，有融合又有斗争，有渗透又有抵触。"在各种文明的冲突和对话中，人们必定要对自己原有的价值体系做出反思和变革，从而追求某种更具有普遍意义和更为健全的文明价值。"在这种情势下，大学生思想政治教育载体如何贴近学生所关心的热点和难点问题，引导大学生深刻认识人类社会发展的规律和必然趋势，逐步树立正确的世界观、人生观和价值观，就成为大学生思想政治教育载体发展与创新的根本任务。

（二）现代科学技术与教育载体

21世纪是一个高度信息化的时代，以信息技术为中心的现代科学技术已深入社会的各个领域，广泛地影响和改变着人们的社会生活，给人们特别是大学生的世界观、道德观、价值观以及思维方式带来了全新的冲击与深刻的影响。它不但改变着大学生学习、思维和生活的模式，而且还影响着他们的政治态度、道德风貌和价值取向。

信息网络技术的发展使大学生思想政治教育环境更加复杂。正如阿尔温·托夫勒在《权利的转移》中说："世界已经离开暴力和金钱控制的时代，而未来世界政治魔方将控制在拥有信息强权的人的手里，他们会使用手中掌握的网络控制权、信息发布权，利用英语这种强大的文化语言优势，达到暴力、金钱无法征服的目的。"同时，网络时代的交往主要以人机对话或以计算机为中介进行交流，它使部分大学生将自己的思想、感情沉湎于媒介内容之中，对社会现实生活漠不关心，长此以往容易导致人格发展的异化和畸变。另外，网络信息良莠不齐，一些黄色信息，暴力、凶杀以及邪教信息，也毒害着大学生的思想。

另外，网络打破了教育主体与被教育客体的固定地位，变被动式教育为互动式教育，教育者与被教育者都是网络的主体，他们之间地位平等，不存在上下级的关系及管理与被管理的关系，教育者要尊重并认识受教育者的主体性，在更加平等的环境中共同面对问题；网络对教育者的权威地位产生了冲击，教育者的信息优势和技术优势部分地丧失了，大学生们有可能不选择学校教育所提供的知识或者观念，而是根据自己的需要或兴趣从网络中选择"原始的"、未经指导讲解过的信息，使课堂教育中教育者和受教育者在很大程度上处于一个"信息平台"，因而降低了教育者的权威性和影响力。因此，加强对网络环境下大学生思想政治教育载体的发展与创新研究，提高大学生思想政治教育载体的科学性和艺术性，使教育载体经得起实践的检验，在实践中不断得到支持，能够为大学生所接受，从而真正在大学生思想政治教育的实践过程中发挥作用，这些已经成为大学生思想政治教育载体发展与创新的重要而又紧迫的课题。

二、高校思想政治教育载体与当代大学生

近20年来，中国社会发生了巨大变化，现代化进程作为一个整体性的社会变迁，对人们的生活方式、思维方式、行为方式都产生了巨大影响。变革的社会很难形成既定的人格范式和人生榜样，现在的大学生大都出生在90年代中后期，他们生理成熟期普遍前移，特别是心理、思想方式和价值取向上出现许多新的特点。在心理发展方面，他们明显地表现出心理矛盾增多、心理压力加大、心理问题多发等特点；在思想方式方面，它们思想的关注点日趋宽泛和分散，思想文化需求

日趋多样。许多学生不愿意简单地趋同于主流文化，在语言、行为、交往、穿着等方面追求个性，价值观念也有求新求异的趋势。随着身体的迅速发育，他们的自我意识明显加强，在心理和行为上表现出鲜明的个性和强烈的自主性，迫切希望从师长、家长的束缚中解放出来，开始积极尝试脱离成人的管理和保护。他们喜欢独立思考，勇于探索，具有很强的自尊心和自信心，强烈需要别人对其自身能力的尊重与肯定，不论是在个人生活安排上，还是在人生与社会看法上，他们都不满足于师长的传授，或书本上现成的结论，他们不轻信、不盲从，敢于发表个人的见解。

但是，我们也不无忧虑地看到，当代大学生虽然生理和思想意识都在快速发展，但其心理还是不够成熟稳定。在一部分大学生那里，仍然存在着值得重视的问题，这突出地表现在两个方面：一是在理想信念上，部分大学生缺乏正确的认识，他们追求理想，但动机趋向功利化。一些大学生偏向于对物质利益的追求，个别人甚至偏离了人生的目标，失去了人生的信仰；有的大学生对共产主义认识模糊，即使是想入党也有些是从个人的发展和追求进步出发；有的大学生过分崇尚物质利益，把对物质利益的追求作为人生的最终目的；有的大学生处处讲究实用，完全忽视精神上的追求。二是在政治行为和能力上，认识和行为脱节，理论和实际脱节，总体上表现出政治上的幼稚和不成熟。他们希望正确认识社会，但又缺乏辩证思考的能力；他们的自我设计愿望强烈，但自我评价片面；他们要求独立，但又存在依赖心理；他们对国内外各种事务的认识丰富而多彩，但由于自身生活经验和知识获取的局限，以及社会环境的限制，他们实际处理各种社会事务的能力相对较弱，有时甚至会表现出知与行的矛盾，这极大地影响着他们的成长方向和发展趋势。因此，如何适应大学生身心发展的新变化，与大学生的现实生活紧密结合，贴近大学生的成长成才实际，一方面全面顾及学生已有的知识、能力、身心发展水平，发展与创新适合当代大学生身心发展特点的载体形式；另一方面略高于学生已有的认识能力和接受能力，既能体现当今社会发展的一般规律，又能对应和符合未来社会发展的要求，使大学生思想政治教育载体能够尽量发挥效力和延长生命力，这成为大学生思想政治教育载体发展与创新的迫切要求。

三、高校思想政治教育载体与大学生思想政治教育科学化

作为大学生思想政治教育的一个新的研究领域，大学生思想政治教育载体研究在大学生思想政治教育学中占有重要的地位。研究大学生思想政治教育载体，主要是研究大学生思想政治教育载体的理论、本质与属性、发展、形态、运用与开发等方面的内容。但是，从大学生思想政治教育载体研究的现状来看也存在着不少问题：一是起步晚，研究少。二是现有研究观点纷呈，说法标准不一，表现

出较强的随意性。三是研究不够全面、深刻、系统。目前，大学生思想政治教育载体研究是一个薄弱环节，显得相当滞后，基本上还处于经验总结阶段，而对于大学生思想政治教育载体的发展与创新研究，特别是传统载体的现代化和新出现载体的科学化、系统化，更为薄弱，这与大学生思想政治教育发展的当今要求和社会发展的要求是极不相称的。因此，系统归纳与总结、深入探究这一理论领域，对于改变大学生思想政治教育载体的研究状况，促进大学生思想政治教育载体的发展与创新，推动大学生思想政治教育实践的发展，既有重要的理论意义，又有重要的现实意义。载体建设对思想政治建设的重要性，就在于它是一定思想观念的物质化、外化和现实化。载体的建设过程，实质上就是一定大学生思想政治教育的进行过程、加强过程和落实过程。面对纷繁多变的社会生活和素质不断提高的工作对象，大学生思想政治教育载体出现了许多不适应，具体表现为：一是建设理念的滞后性。以人为本是现代教育理念的核心，它理应贯彻于全部的大学生思想政治教育过程，长期以来载体建设的不足就集中表现为贯彻以人为本理念不彻底、不全面、不清晰。主要表现为：教育载体的运用过程重教育主体的积极性，轻教育客体的主动性；重理论灌输，轻行为训练；重理论体系的阐述，轻教育实际问题的研究；重教育者单向"灌输"，轻教育主客体的双向交流；重共性、单一教育，轻个性、多样性、层次性教育。二是手段方式的滞后性。先进的教育手段方式是教育作用充分发挥的重要前提。大学生思想政治教育载体作用的充分发挥，也必须依靠自身建设的现代化，只有这样才能增强教育的吸引力、感染力和针对性、时效性。如果大学生思想政治教育载体几十年一贯制，总是一个音调、一副面孔、一种模式，大学生思想政治教育载体就会脱离生活实际，失去新奇感，大学生就会感到是老生常谈，不感兴趣，就会使大学生思想政治教育简单化、生硬化、公式化。特别是随着生产力的发展和科学技术的进步，教育手段、教育方式日益多样化和现代化，大学生思想政治教育载体也必须跟上时代发展的要求，实现自身的科学化和现代化。从目前的情况看，大学生思想政治教育载体建设的现代化水平还滞后于整个教育技术现代化的水平，从而降低了教育总体效果的充分发挥。三是内容覆盖的狭窄性。大学生思想政治教育的对象是"活生生的现实的人"，特别是随着形势的发展变化，大学生思想政治教育的内涵越来越丰富，既有政治方面的要求，又有道德意义上的要求，还有大学生自身身心发展方面的要求。每一个方面的要求，还有不同的教育层次和教育侧重点。因此，大学生思想政治教育的内容是多方面的、多层次的、不断发展变化的。与教育内容的这种多样性相适应，载体也应该丰富多样。原有的载体已经不能涵盖当代大学生思想政治教育的全部内容，呈现出覆盖的有限性、狭窄性；与政治内容相对应的载体多，与大学生自身发展紧密结合的载体少；与高层次道德教育内容对应的载体多，与大学生思想道德水平实际相结合的载体少；与传统的教育组织形式相对应的载体多，与现代教育组织形式相对应的载体少。载体建设的这种不足，一方面导致了大学生思想政治教育的针对性不强，另一方面导致了大学生思想政治教育在许多方面出现了"空白点"，影响了总体的教育效果。总之，随着形势的发展变化，大学生思想政治教育载体不能再固守传统的模式，而应把时代与科技发展的新理念、新成果、新方法应用到载体建设上来，实现自身的现代化，这是大学生思想政治教育载体发展与创新的出发点。

第三节　高校思想政治教育载体发展与创新的内容

大学生思想政治教育载体的发展与创新包含传统载体和现代载体的发展与创新两个主要方面，但其侧重点是不一样的。传统载体发展与创新的重点是推陈出新，不断丰富教育内容、不断改进教育形式、不断提高教育的现代化水平；现代载体发展与创新的重点是要不断总结新鲜经验、不断完善教育形式、不断提高教育的系统化、规范化、经常化水平，同时要积极探索新的载体形式，凡是能够准确、有效地表现大学生思想政治教育目的和内容的有效手段、形式，都要大胆借鉴使用。

一、大学生思想政治教育传统载体的发展与创新

（一）教学载体的发展与创新

高等学校作为培养社会主义建设者和接班人的重要机构，教学活动是其主要工作，将教学载体作为大学生思想政治教育载体体系的主导是由高等学校的性质、任务和行为特点决定的。教学载体是比较常用和历史比较长的老载体，具体来讲，教学载体主要包括以下形式：一是经常性的教育方式，如课堂教学、形势报告会等。二是主题教育方式，指围绕特定的重大事件和重要议题开展学习教育活动。三是专门教育方式，指针对特定对象组织开展的相对集中的教育活动，如入党积极分子培训班等。

教学活动是学校的主体性活动，它不仅是学生专业知识的培养过程，也是对大学生进行大学生思想政治教育的过程。德国近代大教育家赫尔巴特说："教学如果没有进行道德教育，只是一种没有目的的手段；道德教育（或者品格教育）如果没有教学，就是一种失去了手段的目的。"对于当代大学生思想政治教育而言，首先，"'两课'是大学生思想政治教育的主要渠道和主要阵地"，要探索改革发展与创新思想政治理论课教学，充分发挥其在大学生思想政治教育中的主渠道作

用。其次，要挖掘其他所有课程中的大学生思想政治教育内容，使学校的全部教学活动都赋予大学生思想政治教育功能。

第一，要发展与创新思想政治理论课教学的内容。从实际情况来看，目前存在思想政治理论课教学内容滞后于社会的急剧发展、脱离学生思想实际的问题，这是导致其实效性不高的基本原因之一。因此，思想政治理论课只有找准与大学生思想实际、成长成才要求、全面素质提高的最佳结合点，才能使教学有的放矢，从而调动学生的学习积极性，使学生学有所思、思有所悟、悟有所得。为此，一是要坚持和贯彻理论联系实际的原则，紧密结合国际局势和时代发展要求，紧密结合我国改革开放和现代化建设实际，紧密结合大学生思想实际，不断解决思想政治理论课"供给"和学生"需求"之间的矛盾。要努力回答在社会急剧变革进程中学生所普遍关心的热点、难点和深层次问题，既不丢"老祖宗"，又要说实话、说新话。二是要根据思想政治理论课的目标要求和学生思想实际、学科体系和课程结构的科学性要求、学生接受特点、接受心理和接受规律，以学生成长成才需要接受的大学生思想政治教育内容为主体，以理想信念教育为核心，以爱国主义教育为重点，以基本道德规范为基础，构建结构合理、功能互补、相对稳定的课程体系。

第二，要发展与创新富有说服力和感染力的教学方法。长期以来，在思想政治理论课教学过程中，大多沿袭传统的"注入式"教学方法，重教有余，重学不足，灌输有余，启发不足，导致学生在教学中参与程度较低，削弱了学生的主体作用，制约和影响了思想政治理论课的实效性。因此，要根据学生思想政治素质发展和教育的规律，积极推进教学方法的大胆发展与创新，从学生实际出发，不断探索思想政治理论课教学的新招、实招。一是要不断拓展有效的、灵活多样的教学方法。提倡启发式、参与式、研究式教学，多用通俗易懂的语言、生动鲜活的事例、新颖活泼的形式，增强教学效果。精心设计和组织教学活动，认真探索专题讲授、案例教学、教师导学、学生自学等方法，针对不同类型、不同阶段大学生的特点以及不同的课程，可采取课堂讲授、课堂讨论、专题讲座、专题演讲、辩论、教学实践等方法，每次上课又留有一定的自由提问时间，师生面对面就重点、难点、焦点、热点问题深入探讨，互相启发，碰撞出思想火花，发展与创新理论和知识。同时，加强实践教学，引导大学生走出校门，加深对理论的理解，提高学生思想政治素质和观察分析社会现象的能力。二是充分运用多媒体和网络技术等现代化教学技术和手段。当代大学生崇尚发展与创新，关注新技术，而且非常希望能够运用新的技术手段来学习知识、运用知识、发展与创新知识。思想政治理论课发展与创新必须符合时代潮流和学生的实际需要，必须积极推进多媒体教学，建立教学互动网站，把课堂延伸到网上，使思想政治理论课教学更加灵活、有效和充满吸引力。三是要改革考查考试方法，引导学生结合实际运用知识。要采取多种方式，综合考核学生对所学内容的理解和实际表现，全面客观反映大学生的马克思主义理论素养和道德品质。要重点考查学生对教学内容的理解、接受和运用的情况，尤其是以马克思主义为指导分析和解决问题的能力。可采用口试、论文答辩、写读书心得和调研报告等方法，可以把期中考试、期末考试相结合，开卷、闭卷相结合，笔试、口试相结合，个人单独答卷、小组集体答卷相结合，等等。不管哪种考试，都要避免考"死知识"，而要突出素质和能力的考试。考试方法的发展与创新，一定要保证"进头脑"的导向，而不能导向于学生死记硬背。

第三，要重视形势政策教育。高等学校形势政策教育是高校大学生思想政治教育的重要内容，是提高大学生综合素质、开阔胸怀视野、增强责任感和大局观十分重要的方面。大学生思想活跃，关心国内国际时事。这是我们有效开展形势政策教育的基础。新世纪新阶段，要根据大学生思想与学业实际，以丰富生动的内容和学生喜闻乐见、灵活多样的方式积极开展形势与政策教育，让大学生及时准确地了解国家大事，使党和国家的方针、政策在大学生中入脑入心。形势政策教育，要注意适合大学生的思想状况和特点，积极探索新方式和新途径，采取灵活多样的教育方式，努力做到系统讲授与形势报告、专题讲座相结合，请进来与走出去相结合，正面教育与学生自我教育相结合。建立高等学校大学生形势报告会制度是个好办法，能让大学生及时准确地了解党和国家的重大事项和重要方针政策。要注重对教育系统特别是大学生先进典型和模范人物事迹的宣传，充分发挥先进典型和模范人物的引导、示范和辐射作用。

（二）传媒载体的发展与创新

首先，传媒载体的发展与创新，首先要坚持政治性原则。舆论宣传是党的喉舌，要在党组织的领导下，遵循党的教育方针，宣传倡导"一元化"的价值观。其次，必须坚持"育人本位"的原则。校园传媒的内容选择必须紧紧围绕学校育人这个中心，使内容始终保持知识性、教育性、趣味性的特点。再次，必须保持受教育者的广泛性原则。在校学生不仅人数众多，而且有年龄之分、男女之别和民族之差，每个人由于成长环境、生活阅历、自身素质、文化基础，个人喜好，接受能力均有差别，因此传媒载体的运用，内容必须认真设计，做到内容丰富，形式多样，为同学喜闻乐见，切实扩大教育覆盖面，提高教育效果。有效地利用传媒载体，要对接受信息的渠道和内容加以选择和规范。因为报刊、广播、电视等大众传媒载体所传播的信息中蕴含大量的国内外实时动态报道和政策法规，导向正确的新闻报道，其内容蕴含各个时代先进人物的典型事迹，蕴含大量的先进文化信息和科学知识。因此，大学生思想政治教育工作者应善于把握正确的导向，对各种内容加以选择，对于贴近大学生思想实际，具有吸引力和感染力的信息要运用各种方法和渠道加以宣传，使大学生在接收新闻信息的同时接受形势政策教育、理想信念教育、爱国主义和民族精神教育。

有效地利用传媒载体，要加强对大学生的媒介素养教育。所谓媒介素养就是指正确地、建设性地享用大众传媒资源完善自我，参与社会进步。主要包括接受利用传媒资源动机、使用媒介资源的方法方式与态度，利用媒介资源的有效程度以及对传媒的批判能力，加强大学生媒介素养，提高大学生对大众传媒本质的认识，增强他们对大众传媒各种信息的辨别与筛选能力。大学生的媒介素养教育的主要内容包括了解传媒的各种基础知识，学会如何使用传媒的技能；学习并提高理解、选择、评估和质疑传媒信息的能力，掌握创造信息和传播信息的知识与技能，利用传媒形态发展自己、服务他人。

（三）谈话载体的发展与创新

谈话是大学生思想政治教育必不可少的、不可取代的重要载体，运用谈话载体要注意以下几点：第一，要确定谈话重点。目前，高校专职从事大学生思想政治教育的人员都严重不足，因此谈话不可能面面俱到，必须突出重点，做到"六必谈"，即经济困难学生必谈、学生干部必谈、学习基础较差的学生必谈、发生突发事件的学生必谈、单亲家庭的学生必谈、思想心理波动的学生必谈。第二，要注意谈话的艺术。谈话的实质是"谈心"，因此要注意谈话双方的思想和心灵的沟通，聆听他们的心声，用真心呼唤真心，可以从生活小事入手，也可以从学习情况入手，但是一定要了解到学生的真实想法，对学生谈到的一些不愿意被别人知道的东西要注意为学生保密。同时，大学生思想政治教育工作少不了要批评学生，但是批评谈话都要有理有据，摆事实，讲道理，让受到批评的学生心服口服，特别注意对犯了错误的学生不能有人格侮辱语言。第三，要注意运用对话形式。对话是教育者与被教育者在特定的环境中，借助有声语言和态势语言等有效手段，各自发表见解，抒发情感，从而达到感召教育对象的一种现实的教育方式，具有双向性、平等性。对话主要以有声语言和态势语言的统一，以对话教育者双方的形象作为对话的传播手段。对话是群言堂，在对话场合，不存在教育者与受教育者谁主谁辅的问题，而是把问题摆到桌面上，交给对话双方共同探讨解决，让大家发表意见，然后择善而从。教育者再根据对话所涉及的主要问题，进行总结，帮助教育者明确是非，通过对话，达到提高教育客体的思想觉悟，实现预定的教育目的。

（四）活动载体的发展与创新

第一，要充分发挥社会实践活动的作用，使其成为与学生的健康成长和成才密切相关的应用性、综合性、导向性的教育载体。道德教育要达到预期的效果，离不开人们的道德实践。道德建设的过程，就是教育与实践相结合的过程，是知行统一的过程。实践育人是大学生思想政治教育的新型育人方式，通过参加主题教育活动，可以使学生进一步坚定理想信念；通过开展"三下乡""进社区"的社会实践，可以让学生感受社会各阶层的生活状况，增强社会责任感；通过科技发展与创新和发明创造，可以提高学生运用知识和发展与创新能力；通过举办艺术节、学术研讨、知识讲座、读书活动、演讲、影视评论、业余党校等形式，辅之以公益劳动、社会调查、社会服务、勤工助学、挂职锻炼等各种社会实践，可以使他们加强对理论知识的理解，深化对自身潜能的认识，在自我教育中锤炼成为对社会、对人民有用的人才。

第二，要充分发挥学生社团活动的作用，使其成为大学生思想政治教育的最有效的活动载体。随着传统的班级概念逐渐淡化，社团组织逐渐成为维持大学生共同兴趣、提高大学生的科学文化素质、加强思想政治工作的有效载体之一。社团活动是培养学生兴趣爱好、扩大求知领域、增加交友范围、丰富内心世界的重要方式，同时学生社团具有自我服务、自我教育、自我管理、自我发展和重要的社会教化功能，其作用和影响力日益扩大，成为大学生思想政治教育重要的一部分。

社团活动载体的发展与创新，一要突出重点，正确引导，把握好社团的发展方向。大学生思想政治教育工作者要从社团登记、社团章程审查到具体活动方式，都要给予必要的指导，并帮助解决一些实际问题。可以建立社团工作指导委员会，配备一些德才兼备的教师担任社团的顾问和指导老师，并建立一套社团管理条例、规定，把优秀的社团以一定的形式稳定下来。要大力扶持理论学习型社团，热情鼓励学术科技型社团，积极倡导志愿服务型社团，正确引导兴趣爱好型社团，发挥他们的龙头作用，带动学生社团活动的共同发展。二要强化实践，鼓励发展与创新，注重提高社团工作的凝聚功能和教育功能。要克服重娱乐轻教育、重数量轻质量、重形式轻内容的倾向，提高学生社团活动的层次，着眼于提高大学生的思想政治觉悟，拓展大学生的综合素质和技能，倡导文明、健康、科学的生活方式，开展丰富多彩的融知识性、思想性、趣味性于一体的社团活动，达到发展个性、陶冶情操、增进友谊的目的。

二、大学生思想政治教育现代载体的发展与创新

（一）网络载体的发展与创新

1.要积极开创网上思想政治教育阵地

互联网具有信息含量大、资源共享性强和速度快、范围广的优势，这种优势，为进一步拓展大学生思想政治教育的领域提供了有利的条件。借助这种优势，我们应当不断增加网络大学生思想政治教育的知识含量和科技含量，使大学生思想政治教育的内容因多媒体技术的承载，打破地域和空间限制，消除大学生思想政治教育的盲区和空白点，从平面走向立体，从静态变为动态，使教育对象在教育内容的不断拓展中受到潜移默化的感染和熏陶，从而实现大学生思想政治教育内容、对象和覆盖面的新拓展。当前的一个重要任务是要坚持把大学生思想政治教育理论与教育实践相结合，积极研究大学生思想政治教育工作的新情况、新特点，创建有吸引力的大学生思想政治教育网站。

2.要进一步拓展网上的思想政治教育的形式和内容

一是，大学生可以发表自己的观点并通过电子函递进行讨论，而思想政治工作者则参与其中，提出自己的正面观点，引导讨论不断深入而最终达到从思想上教育学生的目的。二是，在高校大学生思想政治教育网站上建立电子布告系统，把大学生思想政治教育的内容加入其中。我们可以在系统中建立讨论区，大学生用户可在网上发表自己的观点、看法，并针对某些问题展开讨论。思想政治工作者可以在此表明自己的立场、观点，宣传党的方针政策，解决大学生的思想问题，从而达到大学生思想政治教育的目的。还可以建立聊天室，通过聊天这种方式与大学生交流思想，了解其思想状况，发表正确观点，进行思想教育。三是，开展新闻服务，利用网络新闻服务器向广大用户提供针对各种专题互相讨论和交流的服务。思想政治工作者可以通过在新闻专题中发表观点而起到引导作用，使更多的大学生能得到正确的思想指导。四是，开设具有交互性、开放式的校领导电子信箱，开展在线交流；及时了解大学生的思想动态和关注的热点问题，有针对性地做好教育引导工作、纠正重大错误信息和批评错误言论等工作；宣传学校改革发展的成就和将要出台的重大改革措施，推进校务公开和决策民主；加强党建和团建工作。五是，开展网上专项服务，及时解决实际工作中存在的问题，加强校内舆论引导，纠正错误信息和批评错误言论。

（二）文化载体的发展与创新

1.要从宏观的德育大环境入手，注重家庭文化、社会文化和学校文化的联系互动

大学生是社会的大学生，大学生离不开社会。大学生思想政治教育活动的主阵地是学校，但是却离不开社会文化这一大环境。因此，文化载体的发展与创新，不能够只局限于学校文化，也不能把校园文化载体当作不受影响的一块净土，而要立足和着眼于社会文化，注重于实现三者的相互联系和相互协调，保证高校教育环境不会出现空白。

2. 要把校园文化载体建设作为主要内容，发挥环境熏陶的作用

校园是学生学习、生活的场所，这个场所中大学生的言行举止，校园中的花草树木乃至建筑风格等都会对生活其中的大学生产生影响。环境不能决定人，但是可以改变人，道德的养成与提升，离不开客观环境的影响，这种影响主要是间接的、无意识的。校园文化是学校师生员工在长期的工作生活过程中形成的价值观、工作思想、群体意识和行为规范的总和。它一经形成，便常常强烈地表现出调节约束、集体意识功能和教育导向功能。"大学校园文化作为一种黏合剂把大学生松散游离的个体凝聚成具有内核的群体，而且作为一种稀释剂，也能冲淡校园学习的紧张感和枯燥感，也能作为一种填充剂，填补人才培养模式的欠缺，有利于塑造出个性全面发展的个体。"良好的校园文化有利于健全学生的人格，有利于规范学生的言行举止，有利于引导大学生发挥自己在大学生思想政治教育活动中的主体作用。校园文化育人的最显著特点是它的渗透式、陶冶式、隐蔽式的"无意识"教育，它以强有力的感染作用和陶冶作用对大学生的思想道德产生影响，起到内增凝聚力，外增吸引力，强化向心力的积极效应，并且产生的作用具有相对的稳定性与持久性。因此，加强大学生思想政治教育载体建设的发展与创新，必须高度重视校园文化的教育作用。校园文化载体建设的发展与创新首要的是加强校风、教风和学风建设，着力培育民族精神和大学精神。就是要用健康向上的校园文化活动占领学校的文化阵地，坚决抵制腐朽、消极文化的渗透和影响，创造良好的大学生思想政治教育环境，努力构筑浓郁的文化氛围，使整个校园成为净化大学生的心灵，提高大学生的审美素养，塑造整洁幽雅、文明向上的场所，形成自然的"德育场"。具体来讲，在物质环境建设方面，应追求布局合理、错落有致、整洁大方的建筑风格，增强建筑的文化底蕴，用建筑自身的文化含量陶冶学生的情操，拓宽学生视野；同时，应该让学生主动地参与校园的美化、净化工作。让他们感到自己是环境的主人，在整洁幽雅的环境中养成文明有序的生活习惯。在制度建设方面要追求民主、科学、自由的校园文化氛围，严禁以权谋私，杜绝权钱交易的腐败行为，克服官僚主义作风，"没有规矩，不成方圆"，只有建立起完整的规章制度规范师生的行为，才有可能建立良好的校风，保证校园各方面工作的开展与落实。在精神文化方面，应加强校园精神文明建设，加强校风、班风建设，用优良的校风、班风激励大学生，鼓舞大学生。同时，要努力提高学

校的社会知名度，树立学校良好的社会形象，使学生以校为荣，增强集体荣誉感与自豪感，形成良好的人文环境。

3.要重视发挥地域文化在大学生思想政治教育载体中的重要作用

地域文化是一定地域的大学生们在长期的实践中积累起来的一笔巨大的财富，是地方人民的思想、精神的重要载体。它形式多样、内容丰富，而且都利用自然优势，具有自己的鲜明特色。大学生的思想政治教育问题，实际上是学校、家庭、社会各方面问题的综合反映，而所有这些方面又无不深受地域文化的影响。由于我国是一个历史悠久、幅员辽阔的多民族国家，不同民族、不同地区的语言和生活习惯差异很大，在长期的历史发展中形成了风格各异的地域文化。就地方大学生而言，开展大学生思想政治教育活动时必须高度重视并充分利用地域文化这一得天独厚的载体，把学生喜闻乐见的地方文化作为大学生思想政治教育的重要素材和切入点，充分挖掘和利用地方文化所具有的地方性、典型性、直观性和生动性等优势，排除不当的文化偏见，提高大学生思想政治教育的实效性。

（三）管理载体的发展与创新

1.要积极倡导规范化管理

规范化管理具有规章明确、原则性强、操作性强、体制健全、机制协调、运行有序的特点。把大学生思想政治教育与规范化管理相结合，要注意以下几点：一是规范化管理要有明显的价值取向和价值观念。经过受教育者一系列活动的"操练"，加上日常管理的反复强化，并在具体执行过程中通过物质的、精神的外界刺激，就会使受教育者逐步养成一种良好的行为倾向和习惯，达到养成的目的。二是规范化管理必须以客观事实为依据，从大学生的思想实际出发，遵循大学生的思想活动发展规律。三是规范化管理必须遵守科学的程序规范和方法规范，严格按照规章制度办事。实践证明，在大学生思想政治教育中，没有完善的管理制度，或不善于运用制度，都会影响工作效果。管理载体与大学生思想政治教育的其他载体相比有更强的规范约束性，就在于它有明确的制度，对受教育者能做什么、不能做什么以及该做什么、不该做什么有明确规定，并能综合运用教育手段、经济手段、行政手段乃至法律手段保证贯彻落实，这恰恰弥补了单纯教育手段的不足。因而，科学化的大学生思想政治教育，要把原则性的目标具体化为可以把握的规格和标准，并确定相应的考核指标体系，形成一套系统、完整的可操作性强的制度。

2.要积极探索民主化管理

民主化管理是大学生思想政治教育必须坚持的一个基本原则，也是大学生思想政治教育科学化的重要体现。从一定意义上说，现代管理的过程就是沟通、协调的过程，这种沟通包括管理者与被管理者之间的情感、信息、认识的沟通。沟通的目的是达成共识，协调立场，平衡关系，形成统一的意志和步调，共同实现管理目标。这种协调就是调节、说服以化解矛盾，使各种因素、资源达到最佳配置，发挥最大效益。在大学生思想政治教育中，以管理为载体，就是因为管理的这种沟通协调功能正适应大学生思想政治教育的原则和方法。因此，管理载体的沟通协调功能本身就体现了民主精神，也就是说民主管理是现代管理自身的特点所决定的。同时，当代大学生民主、平等、主体观念不断增强，以管理为载体，必须增强大学生对管理的认同，调动大学生主动参与管理、自觉接受管理的自觉性。因此，管理载体的发展与创新必须坚持民主化方向，具体来讲应该注意以下几点：一是在规章制度的制定上，应广泛听取学生的意见和建议，使各项规章制度既能满足学校正常教学生活和思想政治管理的要求，又能贴近学生的愿望。二是应采取多种措施，鼓励学生积极参与管理，建立健全学生的各层面的自律管理队伍，提高学生自我管理、自我教育、自我服务的能力。

（四）心理咨询载体的发展与创新

1.要积极采用个别心理辅导

提高对个别对象思想政治教育的有效性个别辅导是指心理咨询人员与来访对象所进行的一对一的交流。它的针对性强，避免了因在日常大学生思想政治教育中注重一般性问题而忽略或照顾不到个别的缺陷。由于我们的教育对象具有不同的个性特征和心理需求，集体教育和团体辅导对每一个特殊的个体并不适宜，必须针对个体的特殊情况，抓住每个个体的思想基础和心理问题对症下药，以此来解决大学生在其生活和学习中遭遇的问题。要积极采用面谈、倾听等技术，"传统的大学生思想政治教育是教育者说得比听得多，道理比实例多，批评比认同多，缺少真诚的倾听与共鸣，如果在倾听的基础上加以分析判断，确定教育方案，则会增强大学生思想政治教育的针对性。"

2.要开好心理指导课

如果说心理辅导侧重于解决个性问题，那么开设心理指导课则偏重于解决共性问题，可以认为是一种集体教育与团体辅导。个别心理辅导和团体辅导两者点面结合，相辅相成而形成心理健康教育格局，就能更好地解决心理咨询在高校大学生思想政治教育中的运用问题。学生中带有普遍性心理问题的预防和解决只有通过开设心理指导课，才能达到目的，提高效率，同时也减轻了个别辅导的压力。开设心理指导课，要渗透大学生思想政治教育的内容，容易使学生信服和接受。

3.要积极开展心理测验

认识自己，从而调整自己、改善自己、发展自己，这是当代大学生的内在需求，也是大学生思想政治教育的任务之一。教育的任务是为了促进自我教育，而教育和自我教育离不开对人心理的把握。心理测验是对一个人的智力、气质、性格、能力、兴趣、需求、心理健康状况等做出评估的过程。心理测验有助于教育工作者对学生进行更全面的了解，以便使大学生思想政治教育建立在符合学生思想实际的基础上。而建立学生心理档案，是研究学生心理发展的重要依据。

4. 要利用各种渠道加强心理健康知识的宣传与教育

在高校，除开设大学生心理健康教育方面的必修、选修课程或专题讲座、报告广泛普及心理健康知识外，还可通过广播、电视、计算机网络、校报、校刊、橱窗、板报等宣传媒体，组织开展心理健康宣传周或宣传月等，在校园大力营造关心大学生心理健康，提高学生心理素质的良好氛围。

5. 要加强心理咨询队伍建设

做好大学生心理咨询工作，队伍建设是关键。要通过专兼结合等多种形式，建设一支以专职教师为骨干，专兼结合、专业互补、相对稳定、素质较高的大学生心理咨询工作队伍。要重视心理咨询专业教师的配置，采取措施鼓励专业心理咨询教师走职业化的道路。要加强心理咨询兼职教师队伍建设，兼职教师可以是从事学生工作的辅导员和班主任，也可以是心理学或哲学社会科学相关学科的专业教师。要关心心理咨询教师的专业进修与培训，不断提高他们从事心理咨询工作所必备的理论水平、专业知识和基本技能。要重视发挥学生辅导员在学生心理健康教育中的重要作用，将心理健康教育的专业知识纳入学生辅导员的岗位培训，掌握与学生沟通、疏导学生心理问题的心理辅导理论和有效方法，提高心理咨询的能力和水平。

参考文献

[1] 柳琼，韩冰，张薇.大学生思想政治教育对策研究［M］.长春：吉林出版集团股份有限公司［M］.2020.

[2] 刘淋淋，刘名学，段华琼.大学生思想政治教育实践与创新［M］.延吉：延边大学出版社，2022.

[3] 石加友，苗国厚.大学生思想政治教育管理学［M］.北京：光明日报出版社，2022.

[4] 徐俊作.高校大学生思想政治教育认同研究［M］.武汉：华中科技大学出版社，2022.

[5] 姜雅净，程丽萍.三全育人理念下高校课程思政改革实践［M］.上海：立信会计出版社，2021.

[6] 刘军，韩玮，程文.新时代高校思想政治理论课教学改革探究［M］.成都：西南交通大学出版社，2022.

[7] 刘莉莉.课程思政研究与改革实践［M］.北京：北京航空航天大学出版社，2022.

[8] 吕小亮.新时代高校思想政治理论课教学改革探索［M］.上海：上海大学出版社，2020.

[9] 金永宪.当代大学生思想政治教育创新研究［M］.延吉：延边大学出版社，2022.

[10] 杨化.新时代大学生思想政治教育理论与实践研究［M］.长春：吉林大学出版社，2022.

[11] 张乙方，张雯，王树辉.新时代大学生价值观与大学生思想政治教育创新研究［M］.延吉：延边大学出版社，2022.

[12] 丁冠印，贾晓娟，田媛媛.新媒体时代大学生思想政治教育的创新与发

展［M］.北京：北京工业大学出版社，2020.

［13］李丹丹.网络文化环境下大学生思想政治教育研究［M］.沈阳：辽宁大学出版社，2021.

［14］于超.大学生思想政治教育理论与实践创新研究［M］.长春：吉林大学出版社，2022.

［15］左霞.大学生思想政治教育与心理健康研究［M］.长春：吉林大学出版社，2022.

［16］董康成，顾丹华.新时期大学生思想政治教育实践路径研究［M］.长春：吉林大学出版社，2022.

［17］胡绍红.大学生思想政治教育研究［M］.北京：研究出版社，2020.

［18］夏玉汉.全媒体时代高校思想政治教育时代化的"变"与"不变"［J］.延安大学学报（社会科学版），2023，45（04）：115-119，129.

［19］马文涛.社会主义生态文明观：高校思想政治教育的绿色载体［J］.湖北经济学院学报（人文社会科学版），2023，20（07）：111-116.

［20］赵鹏程.习近平法治思想融入高校思想政治教育研究［D］.景德镇：景德镇陶瓷大学，2023.

［21］张景景.人工智能时代高校思想政治教育的创新研究［D］.沈阳：沈阳师范大学，2023.

［22］龚晓东.基于新媒体的高校思想政治课程构建研究［J］.浙江工商职业技术学院学报，2022，21（01）：23-26.

［23］张海华.劳动教育和地方高校思想政治课程融合机制探索和构建［J］.才智，2021（29）：29-32.

［24］朱金玉.工匠精神融入高校思想政治课程教育的培育路径［J］.老字号品牌营销，2021（05）：115-116.

［25］马欣宇.榜样教育在当代高校思想政治教育中的适用性研究［D］.石家庄：河北经贸大学，2023.

［26］贺才乐，黄洁萍."大思政课"视域下高校思想政治教育协同育人论［J］.湖南第一师范学院学报，2023，23（02）：62-69.

［27］张蔚钦.新时期大学生思政教育存在的问题及改进措施［J］.现代职业教育，2023（20）：169-172.

［28］董福祥.基于新媒体的大学生思政教育载体建设研究［J］.今传媒，2023，31（07）：138-140.

［29］郑紫云."互联网+"教育模式下高校大学生思政课程学习的优劣势分析［J］.世纪桥，2023（06）：79-81.

［30］孙征，杨兆迪．高校思政课引领大学生思想的重难点研究［J］．甘肃开放大学学报，2023，33（03）：11-16.

［31］王育军．认知学习理论下大学生课程思政投入现状调研［J］．黑龙江科学，2023，14（09）：129-131.

［32］刘雪．大学生思政教育认同感提升探析［J］．中学政治教学参考，2023（15）：97.

［33］唐燕妮．红色文化传承与大学生思政教育［J］．山西财经大学学报，2023，45（S1）：109-111.

［34］李建伟，单婷婷，胡凌燕．新时代大学生心目中优秀思政课教师标准的质性研究［J］．河北工程大学学报（社会科学版），2023，40（01）：74-80.

［35］沙婷婷．"00后"大学生思政课教育路径研究［J］．才智，2023（11）：29-32.

［36］冀里栋．大学生思政教育实践活动开展分析［J］．世纪桥，2023（04）：33-35.